五彩校园文化艺术活动丛书

校园游艺类活动指导手册

彭 婷 ◎编著

吉林出版集团股份有限公司
全国百佳图书出版单位

前言 PREFACE

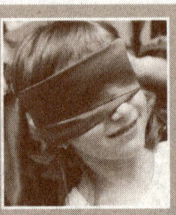

在党和政府的要求下，长期以来，学校文化艺术活动作为学校教育教学工作的一个重要组成部分，不仅是广大青少年建立兴趣爱好和成材的重要途径，而且是学校德育工作发挥巨大作用的主要因素。营造丰富多彩的校园文化，为广大青少年开拓广阔的成材之路，这是加强素质教育的要求，也是培养青少年未来实现中国梦想的要求。

学校开展形式多样的文化艺术活动，能够使广大青少年达到开阔视野、陶冶情操、增长才智、提高素质、沟通人际、适应社会以及改善知识结构和掌握实用技能等方面的效果。在这些文化艺术活动中，广大青少年通过接受不同形式、不同内容的有益教育，能够起到潜移默化的作用，这对造就和培养有理想、有道德、有纪律、有文化、适应中国复兴和实现中国梦的新一代人才有着十分重要的作用。

因此，越来越多的学校对于开展丰富的文化艺术活动和营造浓郁的校园文化环境给予了越来越多的投入和努力，学校里的音乐队、合唱团、舞蹈队、书画社、兴趣小组等，简直琳琅满目。因此，校园文化艺术活动的组织策划与指导就显得十分重要了。这就需要坚持先进文化的正确方向，以育人为根本目标，努力发展符合实际需要、并为广大师生喜闻乐见，且具有实效的校园物质文化和精神文化体系，真正营造五彩校园的文化氛围。

为此，根据党和政府有关政策和部门的要求以及国内外最新校园文化艺术的发展方向，特别编撰了《五彩校园文化艺术活动》丛书，不仅包括校园文化艺术活动的组织管理、策划方案等指导性内容，还包括阅读、科普、歌咏、器乐、绘画、书法、美化、舞蹈、文学、口才、曲艺、戏剧、表演、游艺、游戏、智力、收藏、棋艺、牌技、旅游、健身等具体活动项目，还包括节庆、会展、行为、环保、场馆等不同情景的活动开展形式等，具有很强的系统性、娱乐性、指导性和实用性。

本套丛书适当配图，图文并茂，设计精美，格调高雅，不仅是广大学校用于开展丰富文化艺术活动的最佳指导读物，也是大中小学学校领导、教师，在校大中小学学生、研究生、博士生以及有关人员学习的最佳实用读物，还是各级图书馆珍藏的最佳版本。

目录 CONTENTS

N01. 学校的游艺指导

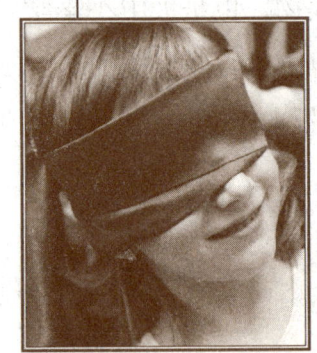

游艺活动的基本知识………002

游艺活动的不同种类………005

校园游艺活动的组织………010

N02. 猜谜的学习指导

谜语的起源和种类…………016

谜语的术语和猜法…………020

灯谜的制作和破解…………026

诗歌类谜语的练习…………031

故事类谜语的练习…………035

谜语综合练习训练…………043

N03. 对联的学习指导

对联的起源和种类............054

对联的要求和作法............058

对联的格式和禁忌............062

对联的相对和平仄............071

对联的学习和训练............079

N04. 绕口令学习指导

绕口令的起源和特点..........086

绕口令的结构和作用..........089

绕口令的学习和训练..........093

N05. 魔术的学习指导

魔术的含义和种类............100

魔术师的神秘用具............106

魔术的表演形式..............110

魔术师的表演原则............112

魔术师表演的步骤............116

魔术师的秘密武器............119

街头魔术的表演准备..........124

魔术训练的注意事项..........131

魔术的表演与揭秘............136

N01.学校的游艺指导

游艺活动的基本知识

游艺活动的概念

游艺一般是指利用各种文化娱乐器具或玩具进行的带有一定技艺的游戏活动，内容包括魔术戏法、各种游戏、猜谜、对联等。游艺活动集文化娱乐和智力锻炼于一体，以丰富多彩的内容和生动有趣的形式受到人们的广泛欢迎。

游艺的范围很广，从简单易行、随意性较强的游戏，到竞技精巧、有严格规则的竞技；从自由灵便的戏耍，到配合各种特殊需要的综合表演，都属于游艺的范围。

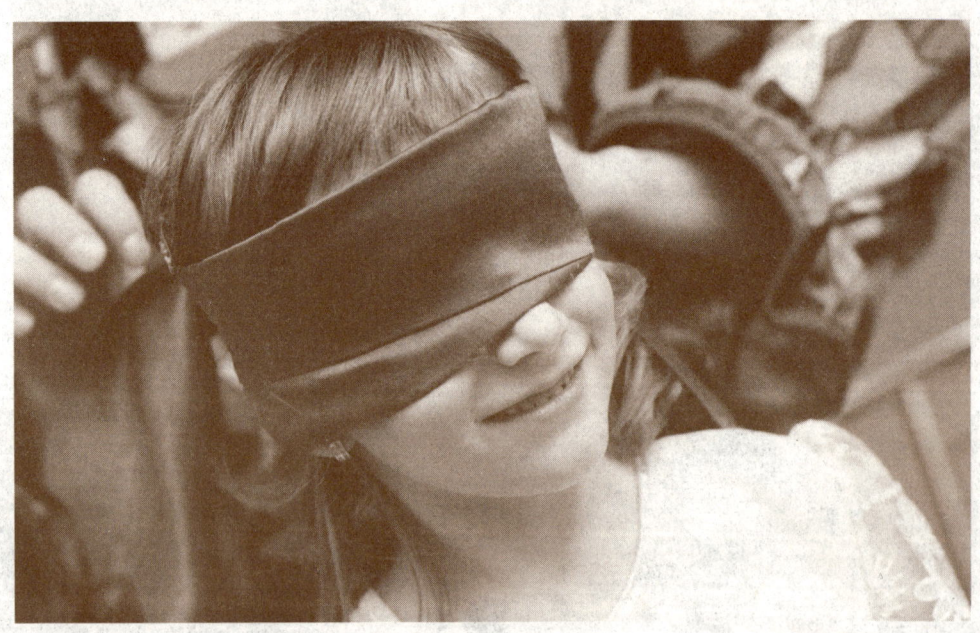

校园游艺活动由于既有智力性游乐活动,也有充满竞技色彩的对抗性活动,又不受时间、地点、条件制约,所以,这项活动无论在精神生活、智力开发还是身体素质诸方面,都对青少年有莫大的好处。校园游艺活动不仅适用于青年,也深受少年儿童的喜爱,是节假日晚会和游园的重要活动项目。

游艺活动的好处

现在学生的课业负担重,娱乐时间少,人际交往少,烦恼和压力也因此相应增加。校园举行游艺活动不仅能帮助学生调节情绪,还可以锻炼与提高他们的反应能力和手脑的快速配合能力,可谓是一举多得。

调查显示,游艺活动能使学生思维活跃、善于表达、情绪乐观,解决问题时会更加灵活。同时,游艺活动还有以下好处:

一是可以锻炼脑力,考验敏捷性、思维性;缓解学业的压力。由于游艺活动的种类很多,既有智力的,也有体力的,既有手工的,也有电脑的,因此,能够从不同的方面锻炼学生的智力,提高学生的智商。

二是可以放松大脑,缓解精神疲劳。游艺活动是一种集体性的娱乐活动,学生们在紧张的学习之余,参加一些丰富多彩的游艺活动能够极大地缓解大脑中的紧张情绪,提高学习效率。

三是可以提高学习成绩差的学生的自信心。这类学生在平时有一定的自卑感,但在游艺活动若能取得优秀成绩,就能获得满足感和成就感。

四是能够激发同学之间的团结互助精神。由于游艺活动大都是两人或多人游戏,在游戏时需要相互配合、步调一致才能取得胜利,所以游艺活动能够激发学生的团结互助精神,潜移默化地提高学生的道德素质和思想素质。

游艺应注意的问题

1.应有高雅的情趣

游艺活动也有一个情趣高雅和低俗的区分。游艺活动的情趣同人的道德意识、审美情趣等有密切的联系。有些项目，本身无可厚非，但在娱乐目的不善的人那里，可以变成赌博的方式。学校组织游艺活动，必须坚持游艺活动高雅的情趣，对游艺项目要有一定的把关意识。在活动中如发现不健康或低级庸俗的苗头，应及时予以指正。

2.应有和谐的气氛

游艺活动是一种游戏，虽然需要认真对待，但不能"较真上火"。活动中应该提倡互谦互让，竞争时应该提倡正大光明，发生矛盾时，应该以团结为重。各种比赛都应发扬"友谊第一，比赛第二"的精神，保证游艺活动在友好、谦让、和谐、热烈的气氛中顺利进行。

3.应有新颖的感觉

游艺活动的项目要不断给人新颖的感觉。学生的文化娱乐需求总是在不断变化、发展着的。组织游艺活动，也应随着学生的需求而变化、发展。如果游艺活动总是重复几种项目，就会使人兴味索然。新颖感可以体现在以下几个方面：

一是旧形式赋予新内容。比如击鼓传花唱歌，这是一个旧形式，但如果结合教育改成击鼓传花答问题，或结合总结时，改成击鼓传花提建议，学生就会有新颖感。

二是不断创造新形式。比如跑步竞赛改变成智力越野赛、知识接力赛，这些形式完全不同，也会有新颖感。

三是不断增加新设备。随着科技发展，新的电控、光控、声控游艺设备进入学校，使学校的游艺活动进入了更高的层次，这也会给学生的游艺活动带来新颖感。

游艺活动的不同种类

游艺活动的分类

游艺活动有各种分类方法。按人的运动特点来划分，可以把游艺活动划分为智力类游艺、技巧类游艺、运动类游艺三种。

智力类游艺是人智力运动的游戏，技巧类游艺是人技巧运动的游戏，运动类游艺是人体力运动的游戏。这种划分方法在某些项目中会发生交叉。本书重点介绍智力游戏和魔术的学习训练。

智力类游艺活动

智力类游艺活动的特点是：人们在进行这类活动时，主要是发挥自己智力运动能力。智力类游艺活动在我国具有悠久的历史、繁多的种类和广泛深厚的群众基础。智力类游艺活动常见的有：

1.猜谜

谜，是准确地抓住事物的特征，运用比拟的方法，以含蓄、精练而又生动形象的语言表达出来，让人们去猜测的一种文字游戏，有"谜面"、"谜底"和"谜目"三大部分。

"谜面"又叫喻体，是猜谜的主要部分，是以隐语的形式表达描绘形象、性质、功能等特征，供人们猜测的说明文字。它是为了揭示谜底所给的条件或提供的线索，是猜谜艺术的表现部分，也可以说是猜谜提出问题的部分，通常由精练而富于形象的诗词、警句、短语、词、字等组成。谜面文字要求简介明了，通俗易懂。

"谜底"又叫本体，就是所说的事物本身，让人们猜测的答案。谜底字数一般很少，有的是一个字、一个词、一个词组，有的是一种事物的名称或者动作，最多也不过是一两句诗词。如果谜底字数较多，制谜者就不容易制出好谜面，猜谜者也不好猜中。

"谜目"就是说明要猜的范围、格式及谜底的数量。它是联系谜面和谜底的"桥梁"，其作用有点像路标，给人指明猜测的方向。谜的种类繁多。从内容方面分：有物谜、名称谜、动态谜、字词谜、诗文谜、科技谜等。从制作方法上分：有普通谜、格律谜、哑谜、画谜、射覆谜和谜语故事等。

2.对联

对联，是我国特有的一种雅俗共赏的文学形式。它是由诗词、骈文中的对偶句演变而来的。其最早形式叫"桃符"，始于秦汉以前，即用桃木板两块，画神荼、郁垒二神，悬挂门旁，以为能"压邪"。到了五代，后蜀宫廷里开始在符上题联语，称为题桃符。

后来因主要是在春节用红纸写成贴在门上，故又称为"门对"、"春帖"、"春联"。一副副对联鲜红夺目，表达出喜庆气氛，文字各异，包含着不同的内容和情感，也蕴含着丰富的知识。

3.射覆

射覆也是一种古老的游戏，类似猜谜，起始是用作劝酒的。把酒席上一件东西，放在一个碟子或碗的下面，然后说出这个东西的形态和大体的作用来,请在座的人猜是什么,猜不中的罚酒。

现在运用到文学上来,是用两个物名,左一个物名的首字,和右一个物名的末字,合起来要成一个物名,左一个物名的末字,和右一个物名的首字合起来,也要成一个物名。

只把左一个物名的首字和右一个物名的末字说出来,请人猜出所藏的物名。例如:松〇〇花——射香水;〇南〇京——射湖北;春〇风〇——射秋雨,等等。

4.棋牌游戏

棋牌类游戏历史悠久,是一种在世界范围内盛行的智力类游艺活动。主要有各种棋类游戏、扑克牌游戏、麻将牌游戏、骰子游戏等。

智力类游艺活动除上述四种外,还有文字游戏、数学游戏、物理游戏、化学游戏、逻辑游戏、外语游戏、真空游戏、拆合游戏等等。

技巧类游艺活动

技巧类游艺活动的特点是:人们在进行这类活动时,主要是发挥自己各种技巧运动的能力。技巧类游艺活动可以分传统型和现代型两类。

1.传统型游艺

(1)结构游戏。堆雪人,一笔画,华容道,快速组装,魔方变

幻，巧解九连环等。

（2）表演游戏。感觉表演，耐力表演，联想游戏，绕口令，套圈钓瓶，抱物过桥，巧越障碍等。

（3）魔术游戏。借助物理、化学、机械原理来表演各种物体、动作或水火等迅速增减隐现变化的游戏。

（4）技能游戏。气枪打靶，气球投篮，呼啦圈，康乐球，台球等。

（5）角色游戏。蒙眼动作，大头娃娃，捉迷藏，走迷宫，找捷径等。

2.现代型游艺

现代型技巧类游戏可分为电动、电子、声光、器械等各种游戏项目。

这类活动主要是利用现代电、声、光学等原理按一定娱乐规则和程序进行设计，检验参与者的触觉、波觉、视觉、幻觉、形觉、移觉、知觉、感觉等各种功能的发展水平，检验人的神经系统的反应速

度，让人们在活动中发挥自己的技巧能力。

运动类游艺活动

运动类游艺活动的特点是：人们在进行这类活动时，主要是发挥自己体力的水平，在游戏中体现自己强壮的体力。

运动类游艺主要有以下三种：

1.体育游戏

体育游戏是指提高身体的活动性游戏和与各专项技能密切相关的专门性游戏。它是用游戏的形式把各种体育项目的技术、战术结合起来的一种娱乐活动并有明确的技术要求，严格的规则，一定的运动量和难度外加。体育游戏主要分室内、室外或场馆、野外两类，其具体形式多达数百种。

2.角力游戏

以人的体力、毅力等为较量对象的角逐性游戏，主要有拔河，单臂较量，拉绳取物，举炮弹，爬悬梯等。

3.谐趣游戏

带有趣味性的对抗、相持游戏。主要有智力越野，知识接力，平衡搬运，双人画图，单腿行动，自行车慢赛等。

校园游艺活动的组织

按照游艺活动的组织规模，游艺活动的组织可以分为单项性游艺活动的组织和综合性游艺活动的组织。单项性游艺活动的组织比较简单，而综合性游艺活动组织由于规模大、形式多、内容广，组织起来比较复杂，所以这里主要介绍一下综合性游艺活动的组织方法。

建立组织机构

组织综合性游艺活动，应该建立一个组织机构。这个组织机构人员应由三方面人员组成。

1.领导人员

领导人员是游艺活动的决策者，对整个活动实施全面的组织领导，负责活动方案的设计，制定规则，调配人、财、物，实施游艺现场指挥监控等等。

2.技术人员

技术人员负责游艺活动器材设施的采置、装配、调试、维护等技术工作，并具体实施游艺场所的装饰布置。

3.管理人员

管理人员具体负责各游艺项目的现场开放管理，维护活动秩序，提供服务保障等。

进行活动设计

活动的设计，应从实际出发，既不超出学校的实际能力，又能满足学生的兴趣爱好。

1.时间设计

综合性游艺活动一般都安排在节日休息的某一天举办。筹备工作至少应提前半个月，游艺活动时间以 2 至 3 小时为宜。

2.项目设计

游艺活动项目，可以根据学校的场地、有关物资设施条件，以及学生的兴趣爱好等情况确定。设计时应注意游艺项目与本校的相关性，尽量根据学生特点来设置项目，使学生在游艺过程中能用上自己平时在课本上学到的知识。另外，设计还应注意项目的难度要适中，只有难度适中才能调动大家活动的积极性。

设施的准备

1.自己制作

可以发动学生，根据活动需要自己动手制作器材。

2.适当购置

在经费许可的情况下可以适当购置一些设施。

3.向外借用

通过各种关系，向其他学校借用一部分设施。

4.寻找替代

许多活动设施不一定按标准的安排，寻找一些替代方式也可以一样取得效果。

场地的布置

游艺活动可用食堂、文化活动室、会议会、学习室等较大的房舍或球场、操场等为场地。各个活动项目场地之间最好毗邻相接，保持活动的整体感，也便于观赏。

主会场门口可张贴对联或横幅，室内墙壁可挂置字画或宣传标语，拉起彩带、彩练，悬挂彩灯，以增添活动的喜庆气氛。

在室内场地不足的情况下，可将游艺场地设在室外。布置室外游艺场地，应尽量利用自然景色和竖立物，张灯结彩、悬挂谜语和试题，划分各类活动区域。

学校应充分利用地面，把场地尽量安排得集中紧凑一些，并充分利用空间。如用绳索将游艺规则、项目介绍、游戏方法等彩色纸条

（板、块）悬挂在空中，地面还可摆放游艺器材、游戏设施等。

各种游艺器材在场地中安装完毕后，应认真地进行检验测试，保证器材用具的完备良好。

现场的调控

综合性游艺活动现场组织要做到有条不紊，一定要做好现场调控。现场调控的主要内容有：

1.落实岗位责任

学校应有足够的工作人员分别负责场地监督、秩序维持等事宜。游艺会场应设流动监管人员，负责整个活动的沟通协调、纪律纠察和安全事宜。

2.奖品发放

游艺活动应设适当的奖品或纪念品，购置奖品应考虑获奖者的年龄、性别、游艺主题和特点等因素，使奖品具有纪念性、实用性和群众性。奖品的数量应根据参加人数、项目数量、项目内容的难易程度、获胜系数等情况而定。奖品可设一、二、三等奖，其中三等奖应多于50%。

3.保证安全

无论进行何种游艺活动，安全都是第一位的，所以学校在安排校园各种活动时，首先都要把安全放在第一位，具体应注意以下事项：

一是用电的游艺器材应有防止触电、安全用电的安全措施。

二是人比较拥挤的活动场所，应有防火设备和事先准备好的防火措施，以及紧急疏散通道。

三是要有能及时制止争执的纠察人员。

四是野外活动时，要携带医疗救治箱，以便对意外受伤的学生进行及时救治。

NO2. 猜谜的学习指导

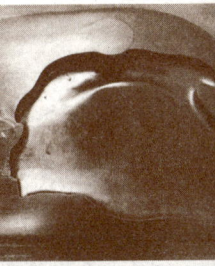

谜语的起源和种类

谜语的起源

谜语,在古代被称为廋辞、隐语、灯虎、春灯、灯谜等。指暗射事物或文字等供人猜测的隐语,也可引申为蕴含奥秘的事物。谜语最

初起源于民间口头文学,是我们的祖先在长期生产劳动和生活实践中创造出来的,是劳动人民聪明智慧的表现。

秦汉以后,谜语逐渐兴盛起来,因猜谜活动多在元宵灯节举行,称为"灯谜"。"谜"字由"言""迷"两部分组成,意思是迷惑人的言语。有人说"谜"字是南朝文学家鲍照创始的,但没有史料依据。

最早的谜语,先由民间集体创作,口传心授,当初并未引起文人的注意,所以在文字上没有反映出来,这样就形成了长期流传在不识字的劳动人民口头上的民间谜语;另外主要是在上层社会和文人中流传的文字谜,由书面传播。

猜谜活动,在我国有着极为广泛的群众基础。不论古今,不分南北,不论男女老幼,不分贫富贵贱,几乎都有大量的猜谜爱好者。著名小说《红楼梦》里,还有专门描写贾府老少猜灯谜的生动篇章,足见猜谜活动对我国人民生活影响之大。

谜语的内容十分广泛,格式多样,引人入胜。尤其是劳动人民创作的民间谜语,大都采用诗歌形式,不仅启人思索、饶有情趣,而且有一定的文学价值,是我国民间文学的一个组成部分,历来深受人民群众的喜爱。例如,有这样一个民间谜语:

在娘家青枝绿叶,到婆家面黄肌瘦,
不提起倒也罢了,一提起泪洒江河。

这分明是一首爱憎分明、感情深挚的好诗,控诉了封建礼教对妇女的摧残与迫害。但又是一则形象生动的谜语,打一物,谜底是"船篙",十分贴切准确。像这样的谜语,既有很好的思想意义,又能引导人们去思考猜想,艺术水平也是很高的,堪称谜语中的珍品。

谜语的种类

一般地讲,谜语可以分成两大类,一类叫事物谜,就是常说的谜语;另一类叫文义谜,也就是常说的灯谜。

民间谜语,除了少量的字谜以外,大部分都是以事物的外表特征入谜的。谜面抓住要猜的事物,对它的外表、形体、性质、色彩、音响、出处、用途等各方面突出的特征,用拟人、比喻、夸张、暗示等形象化手法拐弯抹角地描绘出来,让人们根据谜面所提供的线索,通过联想、推理、判断来猜中谜底。

灯谜,是根据文义,即文字的含义,使谜底和谜面相扣合,所以也叫文义谜，又叫"文虎"、"灯虎"。灯谜是我国特有的文字游戏。猜灯谜要着眼于谜面上文字的义、音、形。灯谜的制作就是利用了中国汉字的一字多义、一字多音、笔画组合、摹状象形等义、音、形变化的特点，通过会意、别解、假借、运典、拆字等手法，使谜面和谜底在字义上或字形上相扣合。

民间谜语除少量的字谜以外，其他大部分的谜底是"事"或者"物"。如动物、植物、用品、器具、人体器官、自然现象、宇宙天体等等。

灯谜因为是以文义入谜的，所以凡是能用文字来表达的任何词语都可以作为谜底。它的范围相当广泛，少至单字，多至诗词歌赋，成语俗语，古今人名，中外地名，报刊杂志名，中西药物名，电影戏剧名，各类学科名称，各种词汇名称，上至天文，下至地理，应有尽有，包罗万象。也就是说，灯谜的谜目范围要比民间谜语的谜目范围广泛得多。

谜语的术语和猜法

谜语的术语

1.谜语

狭义的谜语指民间谜语,包括儿童谜语。广义的"谜语"除指民间谜语外,还包括文义谜,又称灯谜,灯谜几乎无所不包。

2.灯谜

宋代以来将谜语挂在灯上供人猜射,由此得名。谜语分化为民间事物谜和文义谜后,"灯谜"的含义也有所变化。

3.谜面

谜语的题目,也称谜题、题面,是一条谜语最重要的内容之一。

4.谜目

谜底的范围。谜目对谜底的范围一方面起限制作用,一方面起提示作用。迷目有一定的伸展性,依具体情况而定。

5.谜底

谜语的答案,也称底句、底文,是猜射的最终目标,受到谜面意思和迷目范围的双重约束。

6.谜格

灯谜的格式。它的作用是提示谜底必须作出某种改变。不同的改变形式有相应的谜格及相应的格名。

7.谜体

灯谜的载体，与灯谜的创作技法有关。常见的谜体有会意体、象形体、离合体、增损体、问答体、谐声体等。

8.谜眼

文义谜运用别解手法时，起关键作用的字眼。在底称底眼，在面称面眼。

9.射履

古代类似猜谜的游戏。用容器将物品盖住让人猜，猜中后要用隐语回答。

10、双谜

可用成句，也可自撰。双谜的谜面和谜底各有两句，有如对联，要求工整对仗，成对配合，分别扣合。

谜语的猜法

1.会意法

从谜面上的文字可能具有的含义去领会、联想、推敲、探索谜

底，使谜面和谜底经过别解按某种特定的含义相吻合。

2.减损法

根据谜面或谜底带有减损意义的字眼所作的提示，从谜面或谜底中减去有关的字或偏旁、部首、笔画，然后使谜面和谜底相互扣合。

3.半面法

采用将谜面汉字各撷取一半的手法，而后拼成谜底，谜面大多数带有"半"字。

4.方位法

按谜面文字笔画所指之东南西北、上下左右，内外边角等方位，将有关的字、偏旁、部首或笔画作相应处置，缀为底。

5.参差法

利用汉字的笔画位置变更，无须增损，达到你中有我，我中有你，相互参差之目的。

6.拆字法

也叫字形分析法，或增损离合法。它利用汉字可以分析拆拼的特点，对谜面或谜底的文字形状、笔画、部首、偏旁进行增损变化或离合归纳，使原来的字形发生变化。这类谜往往虚实结合，须仔细推敲斟酌，才能求出谜底。

7.离合法

利用汉字可以分解离析、重新组合萌生新意的特点，来制作灯谜的方法。

8.增补法

根据谜面或谜底带有增加意义的字眼所作的提示，用增补字或者部首、偏旁、笔画的办法求得谜面和谜底相互扣合。

9.残缺法

是通过谜面文字残缺组合成谜底。残缺的部位随谜意而定，残缺笔画有多有少，或一笔，或半截，或残边，或残角，灵活运用。

10、分扣法

谜面的字分别扣合谜底的字，有的一字扣一字，有的一字扣多字，也有的多字扣一字。

11.溯源法

"溯源"即追溯谜面的来源，以及与其原出处的上下关联，然后再扣合谜底，也有叫它承上启下法的。

12.加法

将谜面提示的部分字的笔画予以增加或将某些字相加，来扣合谜底。

13.减法

将谜面提示的部分字的笔划减少，或用某些字相减来扣合谜底。

14.加减法

按谜面的提示，有的字增加笔画，有的字减少笔画，既有加有减，最后扣合谜底。

15.离底法

这种谜的谜面反映的是谜底的拆离。猜时，将谜面合成，然后再扣合谜底。

16.离面法

将谜面某些字拆离去扣合谜底。

17.象形法

根据事物的特征，汉字的结构，进行拟人、拟物，加以形象化，使人引起联想，增加趣味。

18.象画法

这种谜是根据谜面整体具有图画意味去合谜底。

19.直谐法

制作谜底时，利用声音相同或相近的字来代替本来应该用的字，把人的注意力引开，达到隐藏谜底的目的。

20、间谐法

先将谜中的某些字拆变，再谐音扣合谜底。

21.比较法

是将形状、字义相近或相反的词放在一起，加以比较而扣合谜底。

22.拟人法

将谜面的字词人格化，扣合谜底。

23.拟物法

将人或人体某部分物化，或者将谜面字词语义或所言之事物化，扣合谜底。

24.白描法

又称谜面有典化无典。谜面本来有典故，但不以典故的情节意思扣底，而是以谜面文字的意思去扣合谜底。

25.问答法

此种谜通常是用提问式的谜面，回答式的谜底。

26.运典法

词类谜语以人们熟悉的成语、口语、诗词、典故作谜面，而将意义别解，从而扣合谜底。

27.排除法

就是排除一面取一面，排除多方取一方，排除容易而取难的。

28.移位法

依照谜面文字的修饰关系，再移动汉字笔画成谜底。

29.通假法

把谜面中的某个字，变今义作古义解释。亦称"古通"，这些通假字带别解成分，有些字还有异读成分。

30、盈亏法

取文字的笔画，或此多一笔，彼少一笔；谜底作巧妙的调整，谜面含义以顺理成章为妥。

31.反射法

即反其谜面意思而猜之。

32.借扣法

不用谜面原意或多意、反意，借用谜面别解成新意，用来扣合谜底。

33.侧扣法

不正面理解谜面原意，借用多义从侧面烘托扣合谜底。

灯谜的制作和破解

"无中生有"谜语

无中生有谜语即谜面为一张或数张空白无字的纸,"不着一字"的灯谜。

这类空空如也的谜乍看上去荡然无物,似乎令人很难下手,其实只要我们摸准它的诀窍,从"空"、"白"、"无"等方面去琢磨,这闷葫芦便不难打破。

例如:"一张空白的纸条,当谜条悬挂着",打《西游记》中一人名,谜底则为"悟空";打一食品名,谜底就是"光面";用"粉颈格",即谜底第二字为谐声字,打一中药名,谜底当作"白芷"(纸)。

"悬着两张空白纸条",打唐诗《长恨歌》中的一句,谜底为"两处茫茫皆不见"。"连贴出七张空白纸条",打一字,谜底则是"皂"字,而且这则谜的谜底和谜面一黑(皂)七白,相映成趣。

除了白纸的"不着一字"灯谜外,另有使用颜色纸的无文谜。曾有人以一张空白的红纸条,打一中药名,谜底为"一片丹"。

"金蝉脱壳"谜语

这类灯谜,运用了谜底中文字互相抵消的办法,使得谜底和谜面丝丝入扣。

例如"坍"(打两个花卉名),谜底为"牡丹、牵牛","牡丹"去掉牛即成"坍"字了。

这类"金蝉脱壳"的谜语有个特点，那就是其谜底中必定隐藏着"无"、"少"、"去"、"空"、"失"、"没"等表示抵消的字和词，只要我们掌握这个特点，猜起来就容易得多。

又如："妇女解放翻了身"（打两中药名），谜底是"山药、没药"。"山药"之中没有"药"字，恰成"山"字，以扣谜面（"妇"里"女"字解放，再翻个身即为"山"）。

"金蝉脱壳"的方法当然不只限于在谜底之中使用，谜面上也可使用。如："大油田出油"（打一字），谜底是"奋"。谜面五个字中"油、出油"互相消除，仅有"大田"来射"奋"字。这种谜颇有"明修栈道，暗渡陈仓"的意味，谜味盎然，煞是有趣。

"欲擒故纵"谜语

这类谜，作者在谜面上罗列人们习惯组合在一起的词句，却故意将其中的一个漏写，卖个破绽，看猜者能否觉察。

例如有一旧谜："金、银、铜、铁"（打我国一地名），谜底为"无锡"。这谜若从字面上寻思，无法破的。反过来从"五金"的俗称"金、银、铜、铁、锡"上想，就会发现漏了个"锡"，"无锡"就猜出了。

这类谜的一个共同特点，是在一些约定俗成的同类词排比罗列时漏去其中一个。因此，就要留心谜面中有没有"故纵"的字，如有的话，紧追漏词不放，细加琢磨，准能射中。

如谜面是"红、橙、绿、蓝、紫"（打一成语），我们就只有从"光谱"中的七种颜色去猜了。列举了五种，尚缺"青黄"二色，从这上面想去，谜底便不难猜出了，是"青黄不接"。

还有在常用的数字中漏去一字的，如"壹、贰、叁、肆、伍、陆、柒、捌、玖"（打中国一古典小说）。请注意这里都是大写的数目字，但是遗忘了个"拾"，谜底当是《拾遗记》。

有人还将数学符号拉来入谜。如"+-+"（徐妃格）（打一作家名），谜底是"艾芜"，即去掉偏旁部首，以"×元"相加，此谜另辟蹊径，饶有风味。

当然，有时候作者漏掉几个词，你就要特别留心，从谜面上搜索，勿被瞒过。

猜这类谜还有一个诀窍，就是这些谜的谜底中总离不开表示没有（如无、少、缺、欠、遗、失等）意义的字，将谜面中漏去的词再加上上述的字，就是你猜的谜底了。

"抛砖引玉"谜语

这类谜语是面底互应，承上启下，而不是会意体，往往对诗词类较适合，往往是写出一些名句的上句，要猜的人依此推出下句的含义，再思索成谜底。

如用李白《送汪伦》中的"桃花潭水深千尺"打一成语，谜底是"无与伦比"。因该诗下句是"不及汪伦送我情"，以再没有比汪伦对我的情深的意思，烘托出谜底。

除了诗外，用词的也常有之。以李清照的《如梦令》中"试问卷帘人"为谜面，打一纺织品名，谜底是"花呢"。这词从下半阕的词意中，我们获知作者在问卷帘人庭院之花怎样了，所以这里的谜底应理解为疑问口气"花呢？"。

猜这类"承上启下"的灯谜，就要求猜者熟读古典诗词，见此及彼，得心应手地解开谜底。

又如以"白日依山尽"（打我国一足球名将）为面，下句定为"黄河入海流"，不正是"黄向东"之意么，谜底就水到渠成了。

"瞒天过海"谜语

这类谜语是将字、物扭转成不同的角度后而成谜面。

如：把"夫"写颠倒为"￥"（打一曲艺形式），谜底为"二人转"。这个"转"字活化出谜面的神态,有趣极了。

根据"辗转反侧"的程度不同,我们可得出不同谜底来:如"X"(打一京剧名),因为它是个"十"字倾如斜坡,故谜底当是"十字坡"。

由于这种谜是将谜面上的字故意"辗转反侧",因此谜底总离不开"倒"、"颠"、"反"、"转"、"侧"、"歪"、"斜"等意义,如果我们明了这一点,猜起它来就八九不离十了。

"迷魂阵"谜语

此类谜语往往加注有迷惑人的说明:如在谜面旁加注着一些诸如"此谜出丑"、"此谜见不得人"、"此谜请勿见笑"等等自谦之词,或加注鼓励和自诩的词或话,你可千万别以为这是作者虚怀若谷,须知这正是在故布疑阵,切莫被其瞒过。因此,我们猜谜的时候,尚需将这些自谦鼓励之词也算作谜面的一个组成部分去动脑筋,才有可能猜中谜底。

如:"空欢喜"(打一战国人名),注有"此谜见不得人",谜底为"伯乐"。"见不得人",即是将谜底中"伯"去掉"人",剩下"白乐"来扣合谜面。

添有鼓励字眼的。如:"一伙懒汉"(打一成语)注有"此谜用心便能猜中",谜底为"各不相干"。"用心便能猜中"意为用上一个心字，此谜便迎刃而解了，使谜底从"各不相干"变成"各不想干"，不正是谜面"一伙懒汉"的写照吗？这种不露痕迹的鼓励话儿，也不能忽视。

加注自诩词话的是乍看之下，好像制谜者在用"激将法"向猜谜者挑战，其实这也是迷魂阵，也该将这些自诩词作为谜面的一个组成部分，去推敲出谜底来。

如："陕西姑娘"（打词牌名一），注有"此谜休想猜出"，谜底是《忆秦娥》。"休想猜出"四字是交代不要这"想"（即"忆"字）才能猜出，就留下"秦娥"来紧扣"陕西姑娘"谜面了。

任凭制谜者怎样巧设疑阵，只要我们懂得附加的字句皆为谜面不可分割的一部分，据此细加思索，这些迷阵是不难被破掉的。

"连环计"谜语

即字词或物重写或重放置。

如："爸爸"（打一清代著名学者名），谜底是"严复"。爸即为家严，"爸爸"两个字为重复。

"叠字谜"大多在谜底中隐藏着数字，而这个数字与谜面叠字的多少有关，只要掌握这个关键，破谜也就不难了。

如："泳泳泳泳泳泳"（打一宋代诗人名），谜底为"陆游"。

但"叠字谜"并不是千篇一律的，如果让谜面来个转折，那么就显得有趣曲折了。

如："袭袭袭袭袭袭袭袭袭袭袭袭"（打一京剧名）。十二个"袭"字要看作一"打"，袭字即龙衣，故而谜底是"打龙袍"。

诗歌类谜语的练习

青石板,白铜钉,打花鼓,放流星。(打四种自然现象)

(谜底:天、星、雷、闪)

天挂灯,地泼油,树摇手,山白头。(打四种自然现象)

(谜底:月、雨、风、雪)

铜相碰,石相磨,牛皮响,竹唱歌。(打四种物品)

(谜底:钹、磨、鼓、笛)

河里的梭子,岸边的屋子,钻天的锥子,朝天的锯子。(打四种物品)

(谜底:船、屋、塔、城墙)

一个论长说短,一个尖嘴快舌,一个觅人破绽,一个有冷有热。(打四种物品)

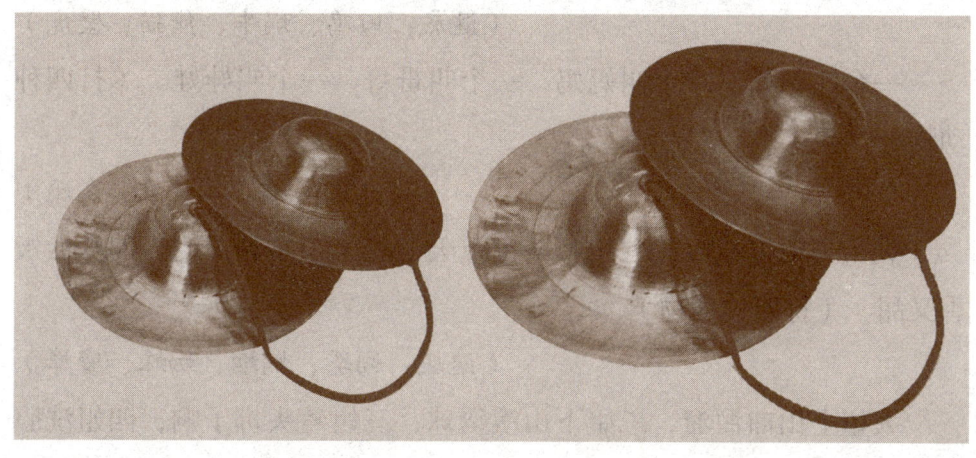

（谜底：尺、剪刀、针、熨斗）

大哥做活用牙齿，二哥做活把头点，三哥做活把身转，四哥做活用舌舔。（打四种物品）

（谜底：锯、斧、钻、刨）

老大天天说和唱，老二专打抱不平，老三坐着摇摇手，老四一到分外明。（打四种电器）

（谜底：收音机、电熨斗、电风扇、电灯）

老大腾云驾雾，老二过海漂洋，老三翻沟爬坡，老四大叫大嚷。（打四种军事用具）

（谜底：飞机、军舰、坦克、大炮）

老大说话先挨刀，老二说话先脱帽，老三说话先喝水，老四说话雪花飘。（打四种文化用具）

（谜底：铅笔、自来水笔、毛笔、粉笔）

有脚不能走，无脚走汉口，有毛不能飞，无毛飞到半天里。（打三物一鸟）

（谜底：凳子、船、撑帚、鹞子）

是鸡不长毛，是牛不耕田，是猫不捕鼠，是虎不上山。（打四种动物）

（谜底：田鸡、蜗牛、熊猫、壁虎）

一个叫姑姑，一个叫妈妈，一个叫哥哥，一个叫娃娃。（打四种动物）

（谜底：鸪、羊、鸡、乌鸦）

大姐天天逛花园，二姐弹琴黑夜天，三姐织布到天明，四妹做饭香又甜。（打四种动物）

（谜底：蝴蝶、蝈蝈、蜘蛛、蜜蜂）

大姐上山曲溜溜，二姐下山滚绣球，三姐磕头梆子响，四姐洗脸

不梳头。（打四种动物）

（谜底：蛇、刺猬、啄木鸟、猫）

大将军披头散发，二将军黄袍盔甲，三将军肥头胖耳，四将军瘦瘦刮刮。（打四种动物）

（谜底：狮、虎、熊、狼）

上坡点点头，下坡滑似油，走路不约伴，洗脸不梳头。（打四种动物）

（谜底：马、蛇、虎、猫）

行也是行，坐也是行，立也是行，卧也是行。行也是坐，坐也是坐，立也是坐，卧也是坐。行也是立，坐也是立，立也是立，卧也是立。（打三种动物名称）

（谜底：鱼、蛙、蛇）

兄弟四人都姓桃：一个桃包骨，一个骨包桃，一个穿绿袍，一个穿红袍。（打四种水果名称）

（谜底：桃、胡桃、葡萄、樱桃）

老大头上一撮毛，老二脸红似火烧，老三越大越弯腰，老四开花节节高。（打四种粮食作物）

（谜底：玉米、高粱、稻、芝麻）

大姐雪白肥胖，空肚肠；二姐飘飘扬扬，喜乘凉；三姐

桃衣粉色，多衣裳；四姐麻子疙瘩，多儿郎。（打四种植物名称）

（谜底：藕、荷叶、荷花、莲蓬）

抽筋菜，扯皮菜，刀不切自成菜，色不染自成菜。（打四种蔬菜名称）

（谜底：蒜苔、笋、豆芽、胡萝卜）

大嫂胖头胖脑，满身白毛；二嫂扁头扁脑，凸肚凸腰；三嫂圆头圆脑，花衣绿袍；四嫂红头红脑，头戴绿帽。（打四种蔬菜名称）

（谜底：冬瓜、南瓜、西瓜、北瓜）

纸包火，纸包雨，纸包风。（打三种用具）

（谜底：灯笼、纸伞、折扇）

乌龙挂墙身披万颗金星，四月将尽五月初，家家买纸把窗糊，丈夫外出三年整，千里家书一字无。（打四种中药名）

（谜底：半夏、防风、当归、白芷）

梧桐树上挂丝条，将军兴兵不用刀，孔子走遍天下路，风吹树木都不摇。（打四种文化现象）

（谜底：琴、棋、书、画）

故事类谜语的练习

买玩具

村民刘勇要进城办事。爱人张英急忙写了一张纸条，折好交给丈夫，并说："别忘了，给咱宝宝买件玩具，我在纸条上写清楚了！"

刘勇办完事走进百货公司，拿出纸条一看，上面只写着"买63"几个字，这可把他难住了。原来，他们小两口都很爱动脑筋，不是猜谜，就是搞智力测验。这次，张英想为难一下丈夫，故意没把玩具的名称写出来。结果，刘勇经过一番苦思冥想，终于理解了妻子的意思，买回了玩具。

假如你是刘勇，你会买回什么玩具呢？

（谜底：积木）

秦少游猜谜

少游说："我有一间房，半间租与转轮王，有时射出一线光，天下邪魔不敢当。"苏东坡假装猜不中，说："猜不中。我也打个谜给你猜猜看：我'有一张琴，琴弦藏在腹，为君马上弹，弹尽天下曲'。"少游怎么猜也猜不中这个谜。

晚上，少游将白天和东坡猜谜的事对苏小妹说了，请苏小妹帮猜那个谜。小妹不但不帮助少游猜，反而说："我这儿也有个谜，你猜猜看：我有一只船，一人摇橹一人牵；去时牵纤去，归时拔橹还。"

秦少游坐在床沿上想了好久，还是想不出，只得又向苏小妹求教。苏小妹笑着说："哎呀，你才笨啦，我的就是我大哥的，我大哥的就是你的呀！"秦少游这才恍然大悟。

请你猜猜这个谜底是什么吧。

（谜底：墨斗）

祝枝山评文章

有一天，县太爷把祝枝山请到县衙，拿出儿子写的一篇文章让祝枝山看。祝枝山难以推辞，认真看了一遍，提笔写了两句诗：两个黄鹂鸣翠柳，一行白鹭上青天。旁边注了一行小字：打两个成语即为评语。

周围的师爷们一看，纷纷恭维说：上句是"有声有色"，说文章写得好；下句是"青云直上"，指公子前途无量。县太爷眉开眼笑，忙问祝枝山对不对。祝枝山大笑道："我已经写在令郎文章的角下了。"说罢，扬长而去。

县太爷连忙仔细查找，终于在文章右下角找到了八个小字，一看，弄了个倒憋气。你知道是哪八个字吗？

（谜底：不知所云、离题万里）

无字家书

一个在外谋生的人托同乡带给妻子一封信和一包银子。那个同乡悄悄打开了信，看到里面只有一幅画，画面上有一棵树，树上有八只八哥、四只斑鸠。他一想，信中并没有写多少银子，于是便将银子偷偷扣了一半。谁知朋友的妻子收到银子后，拿着信问道："咱们办事要老实啊！我丈夫托您带一百两银子，为什么只有五十两了？"

你能猜中她凭什么知道了原有银子一百两吗？

（谜底：八只八哥为64，四只斑鸠为36，相加共为100。）

去或留

从前有个长工给财主干活时伤了腰，财主想把他赶走，便出了坏主意。他把长工叫到房里后说："桌子上放着两个纸团，一个写着'去',一个写着'留',你可任意取一个,来决定你的去和留吧!"长工知道这两个纸团写的都是"去",便想出了一条妙法对付财主的解雇。你知道他是怎样对付的吗?

(谜底:烧掉或毁掉一个纸团,让财主看另一个。)

信不信由你

从前,有个好逸恶劳的人,叫李老五,他专靠打赌混日子。

有一次,他在人前打赌说:"谁能说出一件事,说得使我不相信,就给他五两银子;我接着再说一件事,如果他不相信,那么他就给我一两银子。"

当下,有人说:"我家有一只碗,碗内可装下十天的饭菜。"李老五回答说:"这我相信;我家的一只碗盛满水,可以把你淹死。"那人当然不信,只得认输。

又有人说:"我家的烟囱高得望不到顶。"李老五回答说:"这我相信,但这并不算高,我家的烟囱一直通到月亮上。有一次嫦娥还从烟囱顶上走到我家来呢!"这荒唐的话当然使人不能相信,第二个人又输了。就这样,一会儿就有四个人输了,李老五赢得了四两银子。

人群中有个叫王智的穷秀才,他想出了一句妙言,不管赌棍说相信或不相信,总得给他五两银子。你知道王智说的是哪句话吗?

(谜底:"你欠我五两银子。")

小妹试夫

传说苏轼的妹妹苏小妹从小习读诗文,精通经史,常常与兄题诗作赋,是个有才识的女辈。小妹16岁时,上门求亲的人不少。但小妹推说自己年纪还轻,不准备过早结婚。对前来说亲的人小妹非常讨厌,但又不能贸然失礼。于是她想了一个办法,要所有求婚者答三道题,答对了,才许婚。这三道题是:

1.人名

展翅翱翔，飞鸟归房，

小人掌印，凿壁借光，

惜日为雄，远境闲逛，

娃娃献计，红热具藏。

2.物名

越大越好过，越小越难过，

越短越好过，越长越难过，

白天还好过，晚上更难过。

3.猜字

东境脚为佳，女未肯成家，

半口吃一口，音息心牵挂。

求婚者获知小妹三道难题后，前来应试的人不少，但都因答不全扫兴而回。有一天，苏轼诗友秦少游前来应试。他事先拜见了苏轼。苏轼很早就有意想把妹妹许配与他，于是提示说："妹三题者，均为谜也。"秦少游听后非常高兴，前去找小妹答题。结果三题全部答对，小妹无奈，只好与秦少游结为百年姻缘。

你能猜出苏小妹的这三则谜语吗？

（谜底：人名：张飞、关羽、孙权、孔明、陈胜、陆游、孙策、朱温；物名：独木桥；字名：小妹同意）

孙子戏爷爷

王大爷有两个孙子，大的叫小敏，小的叫小明。这两个孙子从小就聪明天真活泼，王大爷非常喜欢。

有一天，王大爷对他俩说："你俩去给我买一样东西。这种东西是：'兄弟两个一般高，遇事两人合作好，若有吃的它先尝，客人赴宴它先到'。"机灵的小明骨碌了几下眼珠之后说："爷爷，买多少呀？"王大爷说："若为时日，月儿圆。"小敏听了高兴地叫着：

"知道了,知道了。"于是两人蹦蹦跳跳地上街去了。

小敏和小明买了东西回来,他俩想考考爷爷。当爷爷问他们买来了没有时,小敏说:"买了,但不是我一个买的,我买了六的一半,小明买了十有余。爷爷,你知道我俩各买了多少吗?"爷爷笑着说:"小敏买的数是三,小明买的数是十二,对吗?"小明拍着小手大叫:"不对喽!考倒爷爷喽!"

请你想一想:王大爷叫孙子买什么?买多少呢?两孙子各买了多少?

(谜底:买筷子,共15双,小敏买8双,小明买7双。)

巧对得球

清朝乾隆年间,有一位才思敏捷、知识渊博的学士叫纪晓岚。纪晓岚10岁那年,有一天和邻居家的七八个小孩在街上玩球。恰好县太爷坐轿子经过这里。他们不小心把球踢进了轿子。小伙伴们一眼望去,只见县太爷板起面孔,满脸怒气,一个个吓得拔腿就跑。

这时,纪晓岚却不慌不忙地走到县太爷轿前,深深地作了个揖,要讨还球。县太爷正想发火,见眼前是个彬彬有礼的小孩,随即由怒转喜,笑着说:

"小孩子,我出个上联让你对。对得上,还你的球。对不上,球就没收。上联是:童子七八人,唯汝狡。"

纪晓岚听了一想,随口答道:"县官三五辈,仅公……还有一个字,我暂且不讲。"

县太爷急切地问:"仅公什么?"

纪晓岚接着慢慢地说:"如果大人还我的球,便是'仅公□';假使不还给我球,就是'仅公□'。"

县太爷连忙把球递给他,并夸奖说:"这孩子了不起,长大定是栋梁之才!"

请您想一想,纪晓岚所对下联的最后一个字是什么?"

(谜底:廉或贪)

甘拜下风

古时候,有个名叫曹著的人,十分聪明,而且善于猜谜和制谜。某日,有个人想和曹著比高低,便找上门来,出了一则谜语给曹著猜:"卧也坐,行也坐,立也坐,坐也坐。"要求猜一动物。曹著听后,没有立即说出谜底,而是也出了一则谜给那人猜:"坐也卧,行也卧,立也卧,卧也卧。"也要求猜一动物。那人想了很久想不出。曹著提示说:"我的谜底能吃你的谜底。"听到这句含意双关的话,那人脸都红了,不仅连声称赞曹著高明,还钦佩地向曹著作揖,自叹不如,甘拜下风。

你知道他们的谜底吗?

(谜底:蛙、蛇)

要去何方

有三人想在星期日旅游。他们商量去哪个方向时,甲说去南边,乙说去北边,丙在地上写了一个"女"字。

猜猜丙要去何方?

（谜底：要去西边）

巧撑秦桧

民间传说：宋朝年间，韩世忠、梁红玉驻守黄天荡。秦桧不时窜到梁府挑拨韩岳两家关系，韩梁二将愤怒已极，但又不便直说。一天傍晚，韩梁二将在一起边下棋边论军事。秦桧躲在一旁偷听。

这时，韩世忠自言自语地说："兖州无儿去，下着无头衣，泪水一边流。打一字。"梁红玉接了下句："虫子钻进布匹里。打一字。"秦桧听了，灰溜溜地走了。

请你说说韩、梁是怎样巧撑秦桧的？

（谜底：滚蛋）

这是些什么腿

一个两条腿的东西,坐在一个三条腿的东西上,看着一个一条腿的东西,突然来了一个四条腿的东西,抢去了那一条腿。

两条腿的急忙站起来,拿起三条腿,向那四条腿扔去;可是那四条腿的躲开了三条腿,带着一条腿跑掉了。

请猜一猜一条腿的是什么?两条腿的是什么?三条腿的是什么?四条腿的是什么?

(谜底:猪腿、屠户、凳子、狗)

年龄各是多少

张大爷是个很幽默的人,尤其喜欢给人家猜谜。有一次,他在逗小孙子玩的时候,有一个人与他闲聊起来。当这个人问他多少高龄、小孙子出生多久时,他笑嘻嘻地说:"我写个字给你看,我的年龄与孙子出生多久都在这个字里面了,你自己去猜吧。"说完,张大爷就写了一个"精"字。

你能猜出来吗?

(谜底:八十八、十二个月)

谜语综合练习训练

上边毛,下边毛,中间一颗黑葡萄。(打一人体名称)

(谜底:眼睛)

左一片,右一片,两片东西不见面。(打一人体名称)

(谜底:耳朵)

绿衣汉,街上站,光吃纸,不吃饭。(打一用具)

(谜底:邮筒)

半空中,一只碗,下雨下不满。(打一自然现象)

(谜底:鸟巢)

千根线，万根线，落到水里就不见。（打一自然现象）

（谜底：雨）

一间屋，三个门，里面只住半个人。（打一生活用品）

（谜底：裤子）

浑身毛，一条腿，不怕灰尘只怕水。（打一生活用品）

（谜底：鸡毛掸子）

红门楼，白院墙，里面坐个胖儿郎。（打一人体名称）

（谜底：嘴）

稀奇稀奇真稀奇，拿人鼻子当马骑。（打一日常用品）

（谜底：眼镜）

一双玉燕靠地飞，早上出门夜里归。（打一日常用品）

（谜底：鞋子）

有风不动无风动，不动无风动有风。（打一日常用品）

（谜底：扇子）

一只狗，站门口，打一枪，就开口。（打一日常用品）

（谜底：锁头）

滑溜溜，光亮亮，眼睛生在屁股上。（打一日常用品）

（谜底：针）

一身毛，尾巴翘，不会走，只会跳。（打一动物名称）

（谜底：麻雀）

尖长嘴，铁刺骨，咬一口，走一步。（打一日常用品）

（谜底：剪刀）

一对夫妻，同命相依，白天结合，晚上分离。（打一日常用品）

（谜底：钮扣）

一物不才，比客先来；客来他不见，客走又出来。（打一日常用品）

（谜底：扫帚）

来自水中，却怕水冲，回到水里，无影无踪。（打一调料）

（谜底：盐）

姊妹一样长，出入都成双，酸甜苦辣味，他们总先尝。（打一日常用品）

（谜底：筷子）

五个兄弟，生在一起；有骨有肉，长短不齐。（打一人体名称）

（谜底：手）

直直一条小红河，河水从来无浪波，天热水位就上涨，天冷必定往下落。（打一医疗用品）

（谜底：温度计）

远看小洋楼，近看大馒头，人在底下走，水在上面流。（打一日常用品）

（谜底：雨伞）

指着你的脸，按着你的心，通知你主人，赶快来开门。（打一日常用品）

（谜底：门铃）

一物三个口，你有我也有，有他不怎样，无他就现丑。（打一日常用品）

（谜底：裤子）

四四方方，又白又光，姑娘请他，清洁衣裳。（打一日常用品）

（谜底：肥皂）

此物管八面，人人有两片，用手摸得着，自己看不见。（打一人体名称）

（谜底：耳朵）

嘴巴大，舌头小，抓住尾巴，又跳又叫。（打一学校用品）

（谜底：课铃）

小小房屋是我家，家里人多力量大，能写字来能画画，个个都是小专家。（打一文具）

（谜底：笔盒）

一个小石潭，满塘烂泥巴，飞来白天鹅，变成黑乌鸦。（打一文化用品）

（谜底：砚）

铁嘴巴，爱咬纸，咬完掉个铁牙齿。（打一文化用品）

（谜底：订书器）

一张大嘴紧闭，两只耳朵竖直，一捏耳朵张口，碰见什么都吃。（打一文化用品）

（谜底：铁夹子）

一物生来真轻巧，身长羽毛不是鸟，没有翅膀空中飞，落地没脚难起跳。（打一体育用品）

（谜底：羽毛球）

木制架子空中悬，两条辫子接上天，小小主人来驾驭，来回动荡

画弧圈。（打一娱乐用具）

（谜底：秋千）

一排牙齿白的多，肚里呼吸口唱歌，只要你把牙齿按，一唱起来劲头足。（打一乐器）

（谜底：风琴）

三足大怪物，牙齿几十颗，肚里吞钢丝，嘴里会唱歌。（打一键盘乐器）

（谜底：钢琴）

像只大蝎子，抱起似孩子，抓挠肚肠子，唱出好曲听。（打一古典乐器）

（谜底：琵琶）

身体圆圆肚子空，不遇喜事不吭声，节日游行庆胜利，槌子越打越高兴。（打一戏剧用品）

（谜底：鼓）

它的肚皮长得怪，能大能小变化快，肚里装的净是歌。（打一键盘乐器）

（谜底：手风琴）

一物生来本领大，叫它说啥就说啥，说话就行走，行走就说话。（打一文化用品）

（谜底：毛笔）

一位姑娘瘦条条，头重脚轻站不牢，两个耳环飘左右，说起话来咚咚叫。（打一戏剧用品）

（谜底：摇鼓）

一根紫竹管，开了七扇门，风儿紧紧吹，句句是戏文。（打一古典乐器）

（谜底：箫）

像糖不是糖，有圆也有方，帮你改错字，劳累不怕脏。（打一学习用具）

（谜底：橡皮）

头小脚大眼睛多，身子精悍腰不驼，嗓子宏亮人人夸，嘴儿对嘴儿唱赞歌。（打一乐器）

（谜底：唢呐）

是画不能挂，有人也不大，最爱讲故事，越看越爱它。（打一文化用品）

（谜底：连环画册）

一张图，六个角，三群小猴来赛跑，有的走来有的跳，比比赛赛谁先到。（打一娱乐用品）

（谜底：跳棋）

一位老师不开口，肚里学问样样有，谁要有事请教它，还得自己去动手。（打一文化用具）

（谜底：字典）

不是西瓜不是蛋，用手一拨会打转，别看它的个儿小，能载海洋和高山。（打一学习用具）

（谜底：地球仪）

长方院子一墙隔，上下分开两群鹅，多的不过五个整，少的一个顶五个。（打一工具）

（谜底：算盘）

世界各国在眼前，五湖四海不通船，高山不见一棵树，平地没有半分田。（打一文化用品）

（谜底：地图）

一物生来真新鲜，铁腿细长脚儿尖，一腿走路一腿站，脚印个个圆又圆。（打一学习用品）

（谜底：圆规）

要它做事先剃头，头不剃好就发愁，别的心圆它心直，学习学习不离手。（打一学习用品）

（谜底：铅笔）

是鸟不会叫，是鹰没有毛，喜欢顶风飞，就怕雨来浇。（打一娱乐用品）

（谜底：风筝）

有位好朋友，天天都来走，事事告诉你，从来不开口。（打一文化用品）

（谜底：报纸）

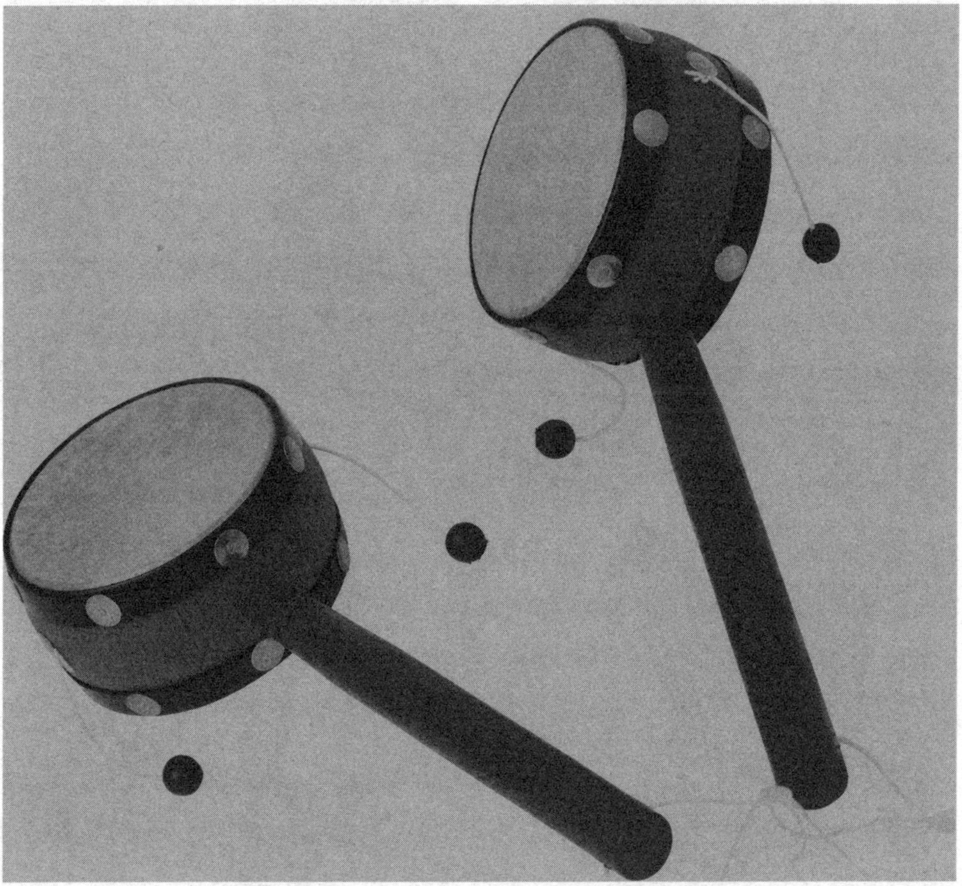

披在肩上,记在心上,烈士鲜血染,革命代代传。(打一服饰)

(谜底:红领巾)

一物果断干脆,专和黑的作对,宣传科学文化,不惜骨折身碎。(打一教学用具)

(谜底:粉笔)

是马不吃草,有腿不走道,天天在操场,人人把它跳。(打一娱乐用品)

(谜底:木马)

一个白娃娃,二人跟他耍,跑到谁跟前,照头打一下。(打一体育用品)

(谜底:乒乓球)

四四方方一块田,一弯乌水在中间,黑羽鸟儿来啄食,一撒撒向白云天。(打两件文化用品)

(谜底:砚、墨)

在家清清白白,出门脸上画花,走过千山万水,敞开肚子说话。(打一文化用品)

(谜底:信)

叫马,不会跑;叫球,不能打;叫铃,摇不响;叫饼,吃不下。(打一个娱乐用品和三个体育用品)

(谜底:木马、铅球、哑铃、铁饼)

五福星臨
平安竹報
富貴花開
千祥臨門
好日子天长地久
富贵門福多財旺
如意滿堂春
恩仁堂

NO3.对联的学习指导

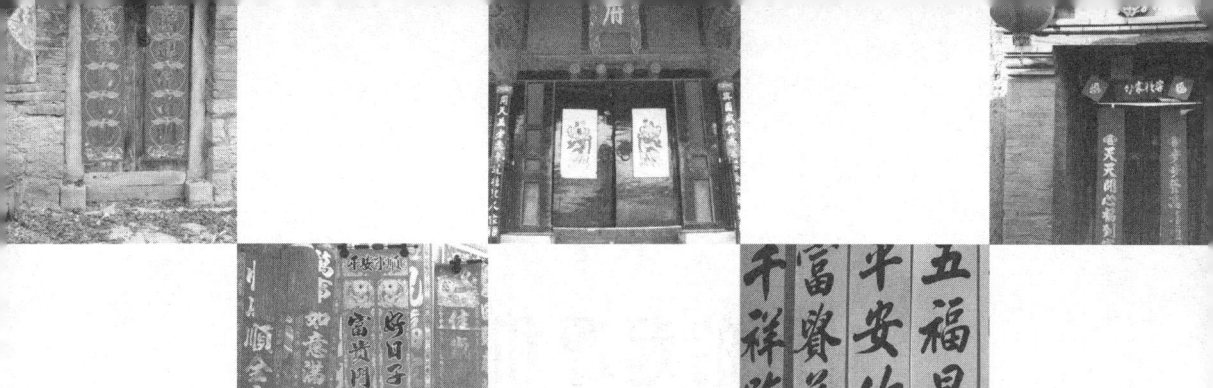

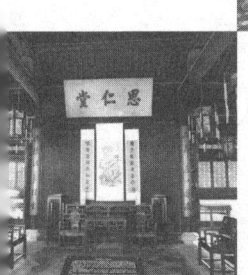

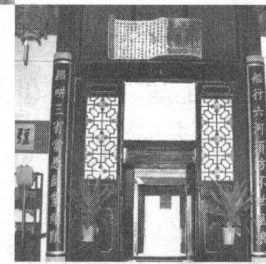

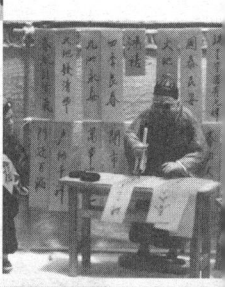

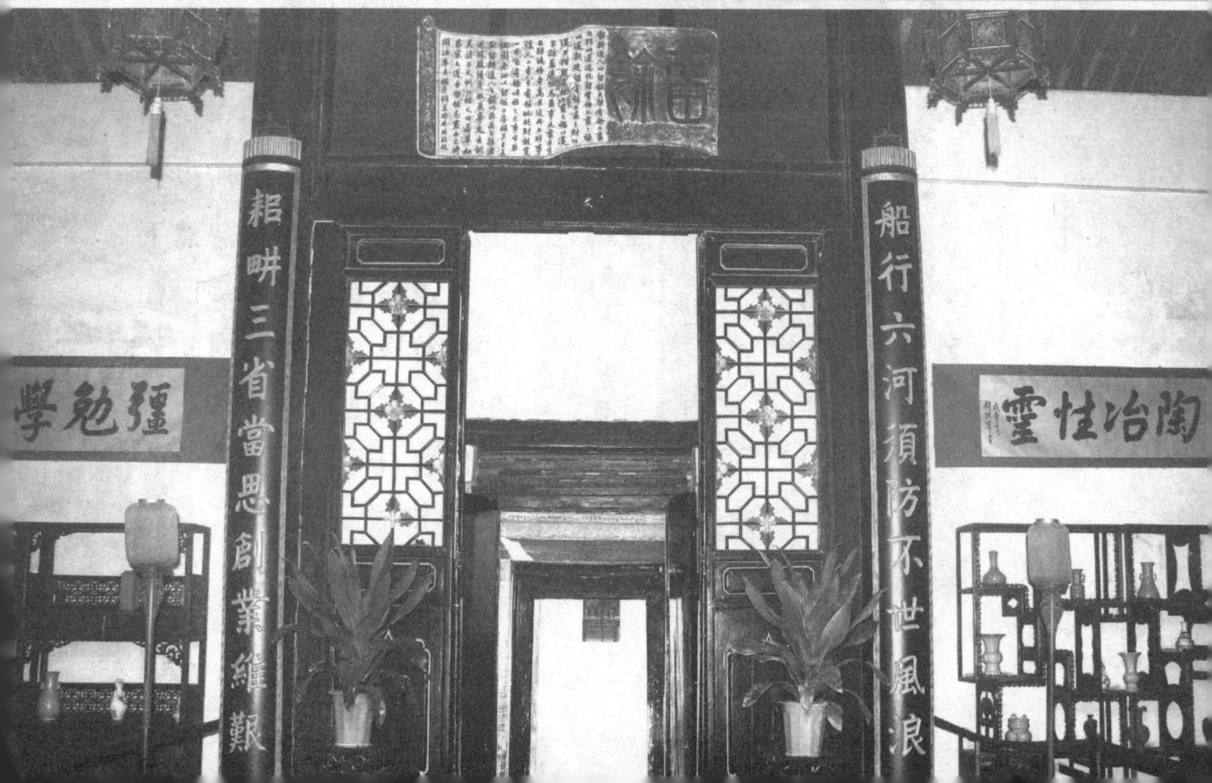
耜畊三省當思創業維艱
船行六河須防不世風浪
彊勉學
陶冶性靈

对联的起源和种类

对联，又称楹联或对子，是写在纸、布上或刻在竹子、木头、柱子上的对偶语句。对联言简意深，对仗工整，平仄协调，是一字一音的中文语言独特的艺术形式。

对联的起源

对联是在古代的"桃符"和"对句"的基础上发展起来的，我国最早的对联出现在一千多年前。

据史料记载，后蜀广正二十七年，即公元964年的春节前夕，后蜀主孟昶因平日善习联语，所以趁着新年来到之际，忽然下了一道命令，要求群臣在"桃符板"上题写对句，想要测试他们的才华。群臣们各自写好一幅，耐心等待审查。孟昶一一看过，都不怎么满意。于是他就亲自提笔,在"桃符板"上写了"新年纳余庆,佳节号长春"这副对句。这就是我国用文字记载下来的最早的春联。

格式精巧玲珑的对联,不仅有着悠久的历史和传统习惯,而且在群众广泛运用的基础上,还有一种统一的要求、固定的格式。从文学角度来看,它是我国民间文化遗产中讲究较多、要求较严的一种特殊文体。

从格式上看,它结合现实生活中的两个门框和一个门楣的特点,由三部分组成:上联也叫出句,下联也称对句,横额也叫横批或横披。上、下联是对联的主体,有和璧之妙,缺一不可。

另外,对联在实际运用中,上、下联文字不管多长,一般都没有标点,这也是格式上的一种特殊讲究。但也有极少数的例外。

对联的种类

从反映的内容和使用的场合来看,对联可以分为春联、楹联、婚联、挽联、寿联等。

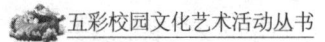

1. 春联

以除旧迎新，言明志向，充满豪情，展望未来为主要内容，专门在元旦、春节时粘贴的对联，因时效性较强，人们就称为春联。

例如：

　　春满长征路
　　花繁民主枝

2. 楹联

为了表达某种愿望或满足装饰需要，过去常在宫廷、府宅、庙宇、园林的楹柱之上，或用木板刻制，或在壁石上雕琢的联语，统称为楹联。

例如，1979年杭州"岳庙"修复一新，当代著名词人兼书法家赵扑初，化用岳飞《满江红》词意，在重新塑好的岳飞像两边的大柱上，精心撰写了一副古为今用、气魄宏伟的新楹联：

　　观瞻气象耀民魂，喜今朝祠宇，重开老柏，千寻抬头望
　　收拾山河酬壮志，看此日神州，奋起新程，万里驾长车

3. 婚联

专门在举行结婚仪式那天选用或编写的能够表达热烈气氛的对联。例如：

　　并蒂新开幸福花
　　同心永结富裕果

4.挽联

为了评价先人的生平业绩,抒发后人诚挚的怀念之情,在追悼会或纪念会上所用的对联,谓之挽联。如悼念敬爱的周总理的一副挽联:

心血劳干革命事业似巍巍泰山震环宇
骨灰撒遍总理恩情如滴滴雨露润人心

5.寿联

当老人喜过生日,子女为了表达对长辈的祝福之情,常以延年益寿、福满家门为主要内容,精心书写一些吉祥的词语,或贴在门上,或挂在厅堂,这样的对联就叫寿联。1941年时马寅初六十寿辰大会,周恩来、董必武和邓颖超联名赠送了一副寿联:

桃李增华坐帐无鹤
琴书做伴支床有龟

对联的要求和作法

对联的要求

1. 要掌握文学知识

对联是一种精练的语言艺术形式,它要求思想健康、艺术性强,内容与形式高度统一。

对联会使人获得鉴赏的乐趣,增加各种知识,品味各类书法,同时还能受到一定的思想启迪。但要写好一副对联,并不那么容易,它需要一定的文学知识、一定的艺术表达能力,还要顾及到对仗和平仄,不是一般人都能做得到和写得好的。

2. 要懂得基本格式

就对联的形式而言,它的基本格式是律诗的中心部分。

无论五律、七律,全诗共八句,中间四句,是两副规范的对偶句,而且对得工整、恰当。律诗中的对偶句,表现形式有二:一为并列对,并列对是指上下句的关系是并列、平等的;二为流水对,流水对是指上下句的关系是进程、递进的。这两种形式的对偶句,作者都力求作得工整、恰当;它是全诗的艺术精华所在,所以令人深思、回味和赞赏。

对联一般分上下两句。上下两句,要求字数相等,字词相对,平仄协调,左右对称,而意义相似、相连或相反。对联右边的称上联,左边的称下联。上联和下联合成一个整体,就称为一副对联。

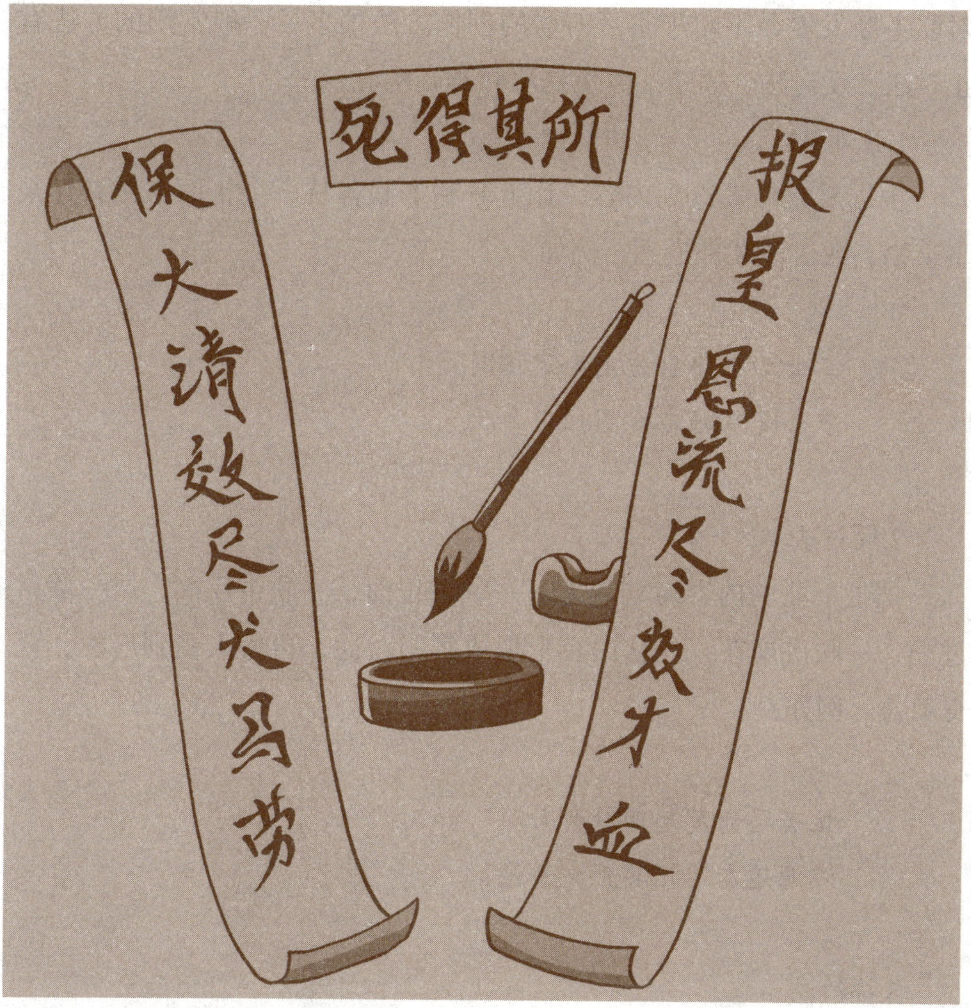

3. 要懂得一些技巧

上下联的内容，要有一定的关联而又不致重复，凡对仗虽工整而含意重复的，称为"合掌"。合掌是指对偶句词意重复，如王勃的《滕王阁序》中，就有这样两句："时为九月，序属三秋。"这样的上下对仗，含意完全重复，在作对联时是要避免的。

对联的作法

对联，一方面吸取诗词的素质，形成自己的特点，另一方面，它以张贴见长，能显示书法之美。民间艺人和知识分子的积极创作，使

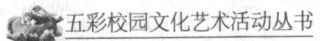

对联不断发展，不断丰富。对联的创作方法很多，一般常用的方法有正对法、反对法、描绘法、烘托法和辨音法。

1.正对法

根据要充分表达到内容，让上联和下联各从一个正面直接叙述某事某物，或讲清某种道理。例如：

工业为主导自力更生建祖国
农业是基础奋发图强夺丰收

2.反对法

把上下联的内容对立起来，一联讲正面，一联讲反面，或一联讲过去，一联讲现在；先从内容上形成鲜明对比，再使人受到启发，获得教益。例如：

忆苦思甜莫忘旧社会苦难
溯源追本牢记共产党恩情

3.描绘法

以白描手法绘景蓄情，给人一种俊秀明快、意味深长之感。例如：

溪旁电机唱万盏明灯亮山村
山巅银锄舞千亩新苗绿荒坡

以比拟法借助恰当的比喻或用拟人化的手法，把抽象的概念变成具体形象，既便于人们领会，又易懂易记。例如：

共产党象太阳普照革命千秋业
总任务似灯塔辉映江山万代红

4.烘托法

先表示某事某物，再用景致描绘深化对联要表达的中心思想。例如：

马列主义旗帜红光四射普照大地
民族解放运动波涛汹涌威震四方

5.辨音法

我国文字丰富多彩，一字多音的情况很常见，也很特殊，运用这一特点巧妙地编写对联，引人辨音，十分有趣。如温州的江心亭上曾有过这样一副对联：

云朝朝朝朝朝朝朝散，
潮长长长长长长长消。

上联中一、三、四、六、八之"朝"，读音为"zhāo"，其余读为"cháo"，下联中一、三、四、六、八之"长"，读音为"cháng"，其余读着为"zhǎng"。

对联的格式和禁忌

对联的格式

对联是我国特有的一种汉语言文学艺术形式,为社会各阶层人士所喜闻乐见。对联的格式,概括起来,有六大要素,又叫"六相",分叙如下:

1.字数要相等

上联字数与下联字数相同。长联中上下联各分句字数分别相等。有一种特殊情况,即上下联故意字数不等,如民国时某人讽袁世凯一联:

袁世凯千古
中国人民万岁

上联"袁世凯"三个字和下联"中国人民"四个字是"对不齐(起)"的,意思是袁世凯对不起中国人民。

对联中允许出现叠字或重

字，叠字与重字是对联中常用的修辞手法，只是在重叠时要注意上下联相一致。如明代顾宪成题无锡东林书院联：

  风声雨声读书声，声声入耳
  家事国事天下事，事事关心

但对联中应尽量避免"同位重字"和"异位重字"。所谓同位重字，就是以同一个字在上下联同一个位置相对。所谓异位重字，就是同一个字出现在上下联不同的位置。不过，有些虚词的同位重字是允许的，如杭州西湖葛岭联：

  桃花流水之曲
  绿荫芳草之间

上下联"之"字同位重复，但因为是虚字，是可以的。不过，有一种比较特殊的"异位互重"格式是允许的，称为"换位格"。如林森挽孙中山先生联：

  一人千古
  千古一人

2.词性要相当

在现代汉语中，有两大词类，即实词和虚词。前者包括名词、动词、形容词、数词、量词、代词六类。后者包括副词、介词、连词、助词、叹词、象声词六类。

词性相当指上下联同一位置的词或词组应具有相同或相近词性。

首先是"实对实，虚对虚"规则，这是一个最为基本，含义也最宽泛的规则。某些情况下只需遵循这一点即可。

其次词类对应规则，即上述12类词各自对应。大多数情况下应遵循此规则。再次是义类对应规则。义类对应，指将汉字中所表达的同一类型的事物放在一起对仗。古人很早就注意到这一修辞方法，特别是将名词部分分为许多小类，如天文、时令、地理、宫室、草木、飞禽，等等。

最后是邻类对应规则，即门类相临近的字词可以互相通对。如天文对时令、天文对地理、地理对宫室等等。

3. 结构要相称

所谓结构相称，指上下联语句的语法结构，或者说其词组和句式之结构应当尽可能相同，也即主谓结构对主谓结构、动宾结构对动宾结构、偏正结构对偏正结构、并列结构对并列结构，等等。如李白题湖南岳阳楼联：

水天一色
风月无边

此联上下联皆为主谓结构。其中，"水天"对"风月"皆为并列结构，"一色"对"无边"皆为偏正结构。

但在词性相当的情况下，有些较为近似或较为特殊的句式结构，其要求可以适当放宽。

4. 节奏相应

就是上下联停顿的地方必须一致。例如：

莫放春秋佳日过

最难风雨故人来

这是一副七字短联，上下联节奏完全相同，都是"二——二——三"。比较长的对联，节奏也必须相应。

5.平仄相谐

什么是平仄？普通话的平仄归类，简言之，阴平、阳平为平，上声、去声为仄。古四声中，平声为平，上、去、入声为仄。平仄相谐包括两个方面：

上下联平仄相反。一般不要求字字相反，但应注意：上下联尾字，即联脚平仄应相反，并且上联为仄，下联为平；词组末字或者节奏点上的字应平仄相反；长联中上下联每个分句的尾字，即句脚应平仄相反。

上下联各自句内平仄交替。当代联家余德泉等总结了一套"马蹄韵"规则。简单说就是"平平仄仄平平仄仄"这样一直下去，犹如马

蹄的节奏。

不过,对联的平仄问题不是绝对的,在许多情况下可以变通。如对联中出现叠字、复字、回文、谐趣、音韵等,可以视具体情况而定。有的因联意需要时也可以例外。

6.内容相关

什么是对联?就是既"对"又"联"。上面说到的字数相等、词性相当、结构相同、节奏相应和平仄相谐都是"对",还差一个"联"。"联"就是要内容相关。

一副对联的上下联之间,内容应当相关,如果上下联各写一个不相关的事物,两者不能照应、贯通、呼应,就不能算一副合格的对联,甚至不能算作对联。

但对联的任何规则都有例外,"内容相关"也是如此。对联中有两类极特殊的对联。

一是"无情对",上下联逐字逐词对仗工整,但内容毫不相关,上下联联意对比能造成意想不到的趣味性。例如:

树已半寻休纵斧
果然一点不相干

上下联中,"树"、"果"皆草木类;"已"、"然"皆虚字;"半"、"一"皆数字;"寻"、"点"皆转义为动词;"休"、"不"皆虚字;"纵"、"相"皆虚字;"斧"、"干"则为古代兵器。全联以口语对诗句,更显出乎意料之趣味。

二是分咏格诗钟。上下联分别咏出不相干的两个事物;逐字逐词对仗工整;通过联意从某一点上把两件事物关联起来。分咏格诗钟有些类似无情对,还类似谜语,但不同点也很多,有兴趣的同学可作进一步研习。

对联的禁忌

写对联既要注意思想性，又要有针对性，还要有文学性，同时还有诸多禁忌。

1.忌合掌

合掌是指一副对联中，同联或上下联同时出现词义相似、相近、雷同，也就是意思重复的字、词。一副对联，必须上下联的词语异义相配，才算合格。

在作联时，有人误认为"词类相对"，上下联意思相同才是对仗工稳，其实这是犯了合掌的毛病。一副对联不管长短，字数总是有限的，若在有限的空间里重复一件事，还有什么意思？所以，合掌是对联的第一大忌。比如：

　　五湖传喜讯
　　四海送佳音

"五湖"与"四海"同指广阔的地域，"传"与"送"意思相似，"喜讯"与"佳音"更是同义词。这样的对联即便是其他方面再怎么好，读起来也让人觉得味同嚼蜡！就没意义了。

2.忌重字

这里的"重字"是指不规则重字，有规则重字是巧联，无规则重字是病联。请看：

　　百鸟鸣春歌盛世
　　一龙降世兆丰年

两个"世"字不在同一个位置上,犯不规则重字。

3.忌失对

在联语中,结构、词性等应该对应的地方没有对应上,就是失对。失对包括联内节奏失对、数词失对、叠词失对、词性失对等。

例如:

奥运精神传友谊
圣火辉煌映和谐

此联中用"辉煌"对"精神"属于词性失对,即形容词对名词。

4.忌失替

"失替"也是语病的一种,在同一联的词语中,平仄应该交替、有规律地出现才对。上联的第二、第四、第六个字应是仄、平、仄,或是平、仄、平;下联的第二、第四、第六个字应该是平、仄、平,或是仄、平、仄。如果不管上下联第二、第四、第六个字出现连续两平或两仄,就叫"失替"。

5.忌乱脚

脚,是指上联或下联的最后一字。必须遵守上联仄收尾,下联平收尾,即上仄下平,违背了这个规律就是乱脚。例如:

九州迎圣火
百载圆一梦

上下联最后一个字都是仄声,这就违背了"上仄下平"的规律,读起来很别扭,是因为乱脚,就不符合联律了。

6.忌孤平

孤平是指平脚句,即下联里,除最后一个字是平韵外,其他都是仄韵,这就叫孤平,上联孤仄也不可取。

7.忌三平尾

三平尾、三仄尾都是对联的大忌,在撰联时很容易被忽视,不管几言联,只要尾部连三仄或连三平,都是对联所忌讳的。

例如:

爆竹声声辞旧岁
梅花朵朵迎新春

"迎新春"三字都是平声,这就犯了三平尾,会觉得读起来很别扭。这也就是对联为什么要求联律,没律的句子就不能给人美感,没有抑扬顿错的节奏,就不能算对联了。

8.忌上重下轻

我们知道,一副对联由上下两联组成。如果上联写得气势强盛,即所谓上重,而下联写得气势软弱,即下轻,就会给人一种虎头蛇尾的感觉,这就叫上重下轻,上重下轻也是对联的病症之一。例如:

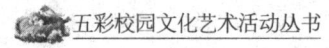

听铁马声声关山入梦
看银钩笔笔书画萦心

此联立意很好，可以用"银钩笔笔"对"铁马声声"，但"书画萦心"对"关山入梦"气势上就大大减弱，明显的气势不足，有损整副对联的美感。

如果上联的气势很低，用下联来补倒是可行的。例如：

南邦庙死个和尚
西竺国多一如来

上联本就没一点气势，如果下联不能补上，就很尴尬。

9. 忌用癖典

对联用典会增加对联的可观性，使对联显得更高雅。但是若用癖典，使人丈二和尚摸不清头脑就不好了，你不能每人都去解释一遍吧？特别是对初学者，一定要弄清所用典故的来龙去脉，不然会弄巧成拙，贻笑大方！

对于对联爱好者来说，只要认真避免以上九忌，就不愁对不出好的对联！

对联的相对和平仄

对联的狭义相对

初试创作对联者往往不得要领，结果创作出的对联，就会出现各种毛病，或平仄使用错误，或词性相对不妥。这里，就对联字词词性相对和平仄的问题概括为以下几点。

1.内部相对

花木类：梅对菊，李对桃，奇花对异草……

飞禽类：鸡对鸭，鹊对鹅，鸬鹚对燕雀……

走兽类：龙对虎，鹿对獐，虎豹对豺狼……

天文类：天对地，雨对风，晚霞对长虹……

地理类：山对水，石对泥，河岸对江堤……

2.数字相对

各类对联，使用数字的地方很多。有一至十相对，或百千万亿相对。这些数字是平

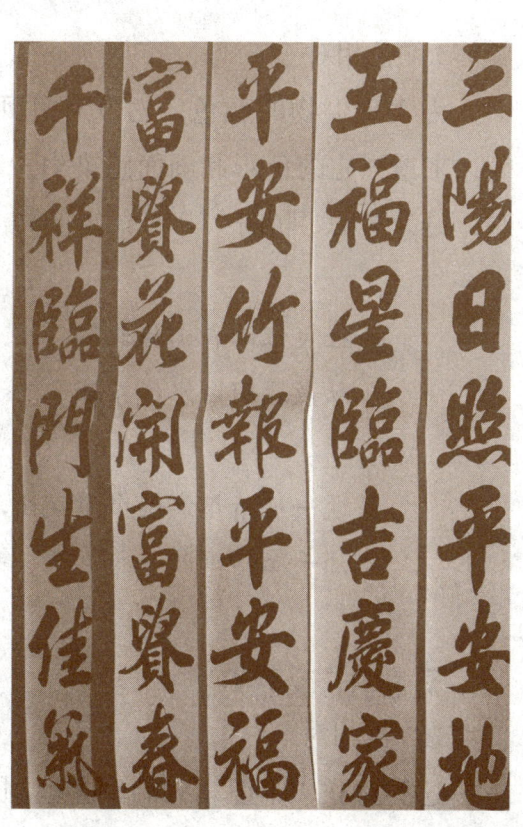

声的只有"三、千"两个字,其余的都是仄声。所以创作对联时,这些仄声字,大都放在第"一、三、五"字的位置上。联例:

好山一窗足千峰凭栏立
佳景四时宜九曲抱城来

还家万里梦鹤舞千年树
为客五更秋虹飞百尺桥

秋水才深四五尺四面八方传捷报
野航恰受二三人千家万户浴春晖

3. 颜色相对

为表现事物的颜色,对联往往用红、橙、黄、绿、青、蓝、紫等,来增强它的色彩和画面感染力,特别在名胜联和春联中,颜色相对,更为常见。联例:

一径飞红雨青山横北郭
千秋散绿阴白水绕东城

碧通一径晴烟润两个黄鹂鸣翠柳
翠涌千峰宿雨收一行白鹭上青天

对联的广义相对

1. 广义相对

这类对联,不但相对的事物范围广泛,而且对时不拘泥于狭义。

如：天对地，古对今，湖泊对海滨；山对水，鹤对人，日月对乾坤。

联例：

乱石吞落日鸡鸣茅店月
平畴交运风人迹板桥霜

五更鼓角声悲壮开卷古今千万事
三峡星河勤动摇杜门清浊两三杯

这种对法，更多地出现在长短的流水对中。

2.词类相对

对联的上下联除注意字数相对、平仄协调外，还要注意词性相对，这才更显得对联工整、协调，画面鲜明，意蕴盎然。名词、数字相对，在有关狭义相对中涉及过，这里只谈谈其他词类相对。

（1）动词对动词。

有对无，鸣对噪，动乱对扶摇；吟对诵，观对瞧，哭泣对呼嚎……

（2）形容词对形容词。

好对差，肥对瘦，新鲜对腐臭；繁对简，淡对浓，灼灼对茸茸……

（3）副词对副词。

还对再，就对将，偶尔对时常；如对恰，就对当，恰巧对方刚……

（4）介词对介词。

由对到，为对给，将就对由来；于对向，从对在，关于对期待……

（5）连词对连词。

同对及，而对也，不但对而且；若对为，和对与，好像对犹如……

（6）助词对助词。

呢对哩，啦对吗，罢了对去吧；嗨对啰，呗对哇，完了对是吗……

（7）叹词对叹词。

咦对唉，呀对哦，哼呀对嗳哟；嗟对叹，喂对呜，噜噜对呼呼……

3.正反相对

正对，一般是以并列的事物相对；反对，一般是以相反的事物互对。正对联例特多，反对联例较少。所以作者拟联造句时，有时爱用意义相反的字词相对，这样相对，形象更为鲜明，阐明事物意义也更为深刻。

正对如：鱼对虾，鹊对鸠，七贤对三友；功对业，性对情，月上对云行……

联例：

大烹以养红梅传喜讯
小住为佳绿柳舞东风

万里河山披锦绣七宝栏杆千岁石
千秋功业耀光华九州烟景四时花

反对如：长对短，有对无，善良对恶丑；甜对苦，活对亡，黑白对橙黄……

联例：

生为人杰有山皆图画
死作鬼雄无水不文章

新松恨不高千尺青山有幸埋忠骨
恶竹应须斩万竿白铁无辜铸佞臣

4.并列对和流水对

凡对联都有内在联系，如相似、相连或相反。在上联和下联相对时，有时出现的是并列对，有时出现的是流水对。

并列对，上、下联的关系是并列、平等的；流水对，上、下联的关系是递进的。后者创作比前者难度大，对联数量也比前者少得多。

联例：

并列对平声起头式：

星垂平野阔
月涌大江流

并列对仄声起头式：

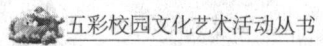

浓翠万重当栏出
清光一片抱城来

流水对平声起头式：

凭将梅柳无双管
吹向江山第一楼

流水对仄声起头式：

野火烧不尽
春风吹又生

5.虚实相对

有些对联，是虚实相对的。这就是有形之物和无形之物相对。这种对联难度较大，对得好，意韵浓厚。初学对联者，不必勉强追求。
联例：

江流石不转（实）
云在意俱迟（虚）

四面湖山来眼底（实）
万家忧乐到心头（虚）

对联的平仄相对

五、七言对联前面谈到，它们都是五言律诗和七言律诗的中心部分。即五言律诗和七言律诗中的两副对偶句。字数、平仄、词性相对，完全与它们相同。

五字联的平仄格式平声起头式：

  平平平仄仄 泉声咽危石
  仄仄仄平平 月色冷青松

五字联的平仄格式仄声起头式：

  仄仄平平仄 有鹤松皆直
  平平仄仄平 无花地亦香

七字联的平仄格式平声起头式：

  平平仄仄平平仄 犹留正气参天地
  仄仄平平仄仄平 永乘丹心照古今

七字联的平仄格式仄声起头式：

  仄仄平平平仄仄 万顷湖平长似镜
  平平仄仄仄平平 四时月好最宜秋

所谓"平声起头式"和"仄声起头式"，是以每副对联上联第二个字的平仄来判断的，看它是平起还是仄起。因为汉字一般以两个字为一个音节，而音节重点，一般会落到第二个字的上面。无论五言或七言对联，都各有一个平声起头式和仄声起头式，长联也是如此。

把握汉字平仄声

把握汉字平仄，必须了解汉字"四声"。自齐梁沈约提出"四声"即平、上、去、入和"八病"即平头、上尾、蜂腰、鹤膝、大韵、小韵、旁纽、正纽之说后，就为当时韵文创作开辟了新的境界，同时也为后来的诗词和对联创作奠定了音韵和声律的基础。

汉字四声，自古以中原地区的字音为准，即为音韵、声律的基调，并长期为南北作家创作诗词和对联通用的字音。这四声中，除平声字为平声外，其余"上、去、入"皆为仄声。

可惜在北京语言中，慢慢地失去了"入声"字，把古代的"入声"字读为平声，归入平声字里，所以今天的平声字又分为阴平、阳平。这一来，掌握汉字古音平仄，就有一些困难，特别对现代青年来说，困难就更大一些。为了保持对联这种优良的艺术传统，创作时又不能不讲究汉字古音平仄，否则，就不成为对联，只能称为一种炼语。

对联的学习和训练

对联的基础学习

对联有三个基本条件,一是有一组对仗的句子,二是共同表达一个主题,三是一种综合性艺术品。

写对联,就是组织起一对汉语语言和文字的对偶,从一个字到无数个字,只要能对得上就行。这种对偶,在诗句中称为对仗。后来在对联中也沿袭了对仗这一专名词。

唐宋以来,特别是明清两代,儿童一入学,认识了一两千字,读过几本启蒙书如"三、百、千、千",就是《三字经》、《百家姓》、《千字文》、《千家诗》之后,就要练习对联了。

讲授对联的书籍有多种,主要常见常用的有《声律启蒙》、《笠翁对韵》,还有《声律发蒙》、《对属发蒙》、《对类》等。

这种书籍大致上都是从一个字对一个字的对子开始,发展到十多个字的对句为止。从少到多,由浅入深。它们是按诗韵编排的,这就使学童在学习对对子的同时,也熟悉了近体诗的押韵。再进一步,为了学习写近体诗,特别是写试帖诗,就要经常参考《佩文诗韵》、《诗韵合璧》、《诗韵全璧》这类书籍。这种书籍中也附有现成的对子,也是按韵编排的。

当然,上述两类书籍主要是为做近体诗做准备的。可是,因为它们都从写对子入手,或是提供许多对对子的素材,所以古代人,特别是明清两代讲授写对联同时也用这种书籍启蒙。或者说，是把学习写对联和做诗放在一起处理了。

初学写对联的人，也可从这方面入手。这样既可以看看现成的对子是什么样的，还可扩大自己的词汇量。这种学习方式经过上千年的实践证明十分有效。我们也可以试一试。

对联的写作训练

初学撰写对联的人，都会感到自己的词汇有限。这时可以先做一些简单的对对子练习。练习写对子的方法有很多种。

1.人名对

最简便的方法是，找一部书，将其中的人名挑出来组成工整的对仗；或者找几部书，把书籍目录中的著者目录、花名册、点名簿等，都用来做这类文字游戏。但应注意，不要随便将男女人名做成对子，除非他们是夫妇。就是用古人名字也不行。养成了坏习惯，很难改正。

在阅读中国古代小说时，可以注意到，特别是明清的章回小说，给人物起名字时，就经常成组成对。如《水浒传》中的杜迁（千）对宋万，押送林冲的是董超和薛霸；《济公传》中两大捕头是雷鸣（明）和陈亮。此种例子不可胜数。可见对对子深入明清以来作家之心。他们所作的章回回目，也都是对联体的。

作人名对，有时可以作成"无情对"，即字面上每个字能对上便可。在内容方面不作任何要求。实际上，人名对和地名对，差不多都是无情对。最著名的一副人名对，是以"胡适之"对"孙行者"。出句是陈寅恪先生于1932年给清华大学出的入学试题。据说，全场对出者不过数人。可与"孙行者"作对句的，还有"王引之"、"祖冲之"等。

因为人名对在内容方面一般不作要求，在追求对仗和调平仄方面就一定得严格要求了。单从平仄方面说，起码两个尾字得一平一仄。进一步要求，因为人名也就二至四字为常，最好平仄全都调谐，不过很难做到就是了。例如，唐代有一位"东方虬"，自称数百年后可以用他的名字与先秦的"西门豹"作对。实则从字面上看还可以，从平仄方面要求，则六个字中只有"豹"字是仄声。好在两个尾字一平一仄，勉强算对上了吧！

熟能生巧，便可把几个名字连在一起作对子，还可联成句子，例如常被引用的一联：

蔺相如，司马相如，名相如，实不相如
魏无忌，长孙无忌，尔无忌，我亦无忌

人名对在做练习时因为内容方面不要求，所以对起来还容易。真正放在对联之中，可就难了。

陆游《老学庵笔记》卷二载，李清照有一副名对：

　　露花倒影柳三变
　　桂子飘香张九成

后人都认为整体对仗工整。特别是"变"字与"成"字，都是古代音乐术语。

苏轼在此前曾有过一联：

　　山抹微云秦学士
　　露花倒影柳屯田

比起李清照的对句，工整方面就差一截子了。

2.地名对

练习地名对时，可以从书籍中、地图中寻找配对。如找北京地名

配对：北海对西山；磨盘大院对烟袋斜街；东棋盘街西棋盘街对南芦草园北芦草园，等等。

还有用地名对人名的，如：陶然亭对张之洞。

清代光绪年间巴哩克杏芬女史编辑成《京师地名对》二卷，分二十类共五百余副地名对，堪称大观。还有编辑杭州等地地名成书的，均可供参考。

3.书名、剧名对

鲁迅先生是书名对能手。他自己写的书，书名就两两相对。如：《呐喊》对《彷徨》；《伪自由书》对《准风月谈》；《朝花夕拾》对《故事新编》，等等。

清代沈起凤著《谐铎》，书中各则题目均两两相对，如：狐媚对虎痴；梦中梦对身外身；奇女雪怨对达士报恩；菜花三娘子对草鞋四相公，等等。

戏剧名对，如：《乌龙院》对《白虎堂》；《三气周瑜》对《七擒孟获》，等等。

电影名对，如：《车轮滚滚》对《春雨潇潇》；《试航》对《创业》，等等。说相声中的对对子，就经常用到戏剧、电影名。

4.成语、俗语对

《巧对录》等书籍中录有此种对子甚多，可以参看，必要时采择引入自己的对句中。例如：瓜熟蒂落对藕断丝连；隔靴搔痒对画饼充饥；守株待兔对打草惊蛇；风吹草动对日晒雨淋；靠山吃山靠水吃水对种豆得豆种瓜得瓜，等等。

NO4. 绕口令学习指导

绕口令的起源和特点

绕口令的起源

绕口令是我国一种传统的语言游戏,又称"急口令"、"吃口令"、"拗口令"。由于它是将若干双声、叠词词汇或发音相同、相近的语、词有意集中在一起,组成简单、有趣的语韵,要求快速念出,所以读起来使人感到节奏感强,妙趣横生。

关于绕口令的产生,我们可以间接地追寻到几千年前的黄帝时代。古籍中侥幸保存下来的《弹歌》"晰竹,续竹,飞土",相传为黄帝时所作。据考证,这是比较接近于原始形态的歌谣。其中,已经有了绕口令的基本成分，即双声叠韵词。由此推想，很可能在文字出现以前，绕口令就已经萌动于人民群众的口头语言之中了。他们开始有意识地把一些声韵相同的字组合在一起，故意兜圈子，绕弯子，连续成句子，教儿童念诵。其中一些音韵响亮而又拗口、诙谐风趣的句子，不仅儿童喜欢，不少青年人也很喜欢。

这样，一个人唱出，或几个人唱和，就在人民群众中口耳相传，流传开来。在流传过程中，人们又不断修改、加工、充实、完善，使它更近似于一首首幽默诙谐的歌谣，更加妙趣横生。至于谁是绕口令的具体作者和修改者，人们根本没有留意。因此，也就无所知晓哪首绕口令是哪个人的作品了。

由于绕口令的逐步完善，在人民群众中日渐流传，一些接近下层人民的文人也开始注意这一通俗的文艺形式。稍晚于屈原的楚国作家宋玉，就曾经把双声叠韵的词汇引进了诗歌创作的殿堂。长篇政治抒情诗《九辩》是他的代表作，其中大量采用了声韵相通的词，使得语句音节错综变化，读来音韵谐美，情味悠长。这无疑大大扩展了绕口令的地位和影响。不少文人还在喝茶饮酒的时候，即兴编上几句，当作酒令，或者教给儿童念诵。保留至今的古代绕口令，差不多都是文人模拟民间绕口令作的。

另一方面，民间流传的绕口令保持和发扬了它的通俗浅显的特点，越来越完善，并且被搜集整理出来。清朝末年，意大利驻中国的官员韦大利搜集的《北京儿歌》中，就有绕口令《玲珑塔》。何德兰搜集的《孺子歌图》中，也有绕口《秃丫头》。

"五四"新文化运动以后，我国现代文学越来越接近下层人民，随之而起的儿童文学也逐渐成为文艺大军的一个支队，这为绕口令的发展又开辟了一条道路。但是，由于社会意识和创作者思想的局限，不少绕口令的基调还是很低的。

新中国建立后,绕口令的思想内容发生了明显的变化,例如20世纪60年代流传的绕口令《赔钵钵》:"你婆婆借给我婆婆一个钵钵,我婆婆打烂了你婆婆的钵钵。我婆婆买来一个钵钵,还给你婆婆。你婆婆说什么也不要我婆婆赔钵钵,我婆婆硬是把买来的钵钵还给你婆婆。"这就反映了当时人与人之间的崭新关系,充满了新时代的气息。

绕口令的特点

绕口令的特点是将若干双声、叠韵词汇或者发音相同、相近的语词和容易混淆的字有意集中在一起,组合成简单、有趣的韵语,形成一种读起来很绕口,但又妙趣横生的语言艺术。

值得一提的是,绕口令是语言训练的好教材,认真练习绕口令可以使头脑反应灵活、用气自如、吐字清晰、口齿伶俐,可以避免口吃,更可作为休闲逗趣的语言游戏。例如:

山前有个严圆眼,山后有个杨眼圆,二人山前山后来比眼;不知严圆眼比杨眼圆的眼圆,还是杨眼圆比严圆眼的眼圆。

有一首《算卦的和挂蒜的》,听起来也很有韵味:

街上有个算卦的,还有一个挂蒜的。算卦的算卦,挂蒜的卖蒜。算卦的叫挂蒜的算卦,挂蒜的叫算卦的买蒜。算卦的不买挂蒜的蒜,挂蒜的也不算算卦的卦。

绕口令的结构和作用

绕口令的结构

绕口令的结构方式有对偶式和一贯式两种。

1.对偶式

对偶式两句对偶,平行递进。例如《四和十》:

四是四,十是十;要想说对四,舌头碰牙齿;要想说对十,舌头别伸直;要想说对四和十,多多练习十和四。

对偶式的绕口令最有名的是民间流传的绕口联。例如:

童子打桐子,桐子落,童子乐;丫头啃鸭头,鸭头咸,丫头嫌。

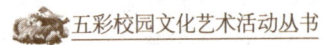
五彩校园文化艺术活动丛书

上则绕口联同音异义,颇为绕口,实属巧对妙联。

求自在不自在,知自在自然自在;悟如来想如来,非如来如是如来。

上联下联各列出四个"自在"和"如来",而四次出现的含义各不相同,耐人寻味。

2.一贯式

一贯式的绕口令一气呵成,环环相扣,句句深入,例如:

远望一堆灰,灰上蹲个龟,龟上蹲个鬼。鬼儿无事挑担水,湿了龟的尾,龟要鬼赔龟的尾,鬼要龟赔鬼的水。

黑化肥发灰,灰化肥发黑。黑化肥发灰会挥发,灰化肥挥发会发黑,灰化肥发黑挥发会发灰。

一面小花鼓,鼓上画老虎。宝宝敲破鼓,妈妈拿布补,不知是布补鼓,还是布补虎。

墙上一根钉,钉上挂条绳,滑落绳下瓶,打碎瓶下灯,砸破灯下盆。瓶打灯,灯打盆,盆骂灯,灯骂瓶,瓶骂绳,绳骂钉,钉怪绳,绳怪瓶,瓶怪灯,灯怪盆。叮叮当当当当叮,乒乒乓乓乒乒乓!

可以看出,绕口令多是诙谐而活泼的,并且节奏感较强,富有音乐效果。传统的绕口令,多只注重字句的谐音,而忽视它的思想内

容。如今,民间文艺工作者在创作绕口令时,注入了新的时代气息,有的具有益智助思的作用。例如《数狮子》:

> 公园有四排石狮子,每排是十四只大石狮子,每只大石狮子背上是一只小石狮子,每只大石狮子脚边是四只小石狮子,史老师领四十四个学生去数石狮子,你说共数出多少只大石狮子和多少只小石狮子?

还有一段不知道从哪里听来的、发人深省的绕口令:

> 一些事没有人做,一些人没有事做,一些没有事做的议论做事的做的事;议论做事的总是没事,一些做事的总有做不完的事,一些没有事做的不做事不碍事,一些有事做的做了事却有麻烦事;一些不做事的挖空心思惹事,让做事的做不成事,大家都不做事是不想做事的做事;做事的做不成事伤心,不做事的不做事开心。

此类的绕口令散发出一股浓烈的辛辣味,起到了鞭挞假、丑、恶,歌颂真、善、美的作用,赋予绕口令崭新内容和艺术"笑果"。

绕口令的作用

绕口令把声、韵、调容易混同的字,组成反复、重叠、绕口的句子,要求一口气急速而准确地念出来,它的有趣之处在于绕口。作为一种独特的语言艺术,绕口令对青少年的语言及思维发展具有极大的促进作用。它能有效地锻炼学生的口才,增进记忆力,还能培养学生的快速反应能力。

绕口令字音相近,极易混淆,要想念得既快又好,没有清晰的思

维、良好的记忆、伶俐的口齿是很难做到的。如果经常教学生学说绕口令无疑会大大提高他们的语言表达能力,同时使他们的思维更具有敏捷性、灵活性和准确性。

由于绕口令轻便简捷,因此具有广泛的实用价值,对广大少年儿童是锻炼说话能力的启蒙读本;对从事演唱、演讲的工作人员是训练口齿、练好基本功的应备材料;对少数民族学汉语、全民推广普通话、外国人学讲中国话,也具有重要作用。

同时,绕口令扎根于民间土壤,是民间的智慧结晶,是人民群众的心灵歌唱,从各个方面表达了人民群众的意愿、心声和情趣,从而可供有关学科研究参考,既可从中了解民情风俗,又可探索其语言的发展规律和奥秘。

绕口令的学习和训练

阿凡提骑毛驴

阿凡提,骑毛驴,手拿一条鱼。毛驴走路急,掉了手中鱼。阿凡提,下毛驴,下了毛驴去拾鱼。弯腰去拾鱼,拾鱼跑了驴。阿凡提,心里急,拾起鱼,追毛驴。追上毛驴骑毛驴,骑上毛驴手提鱼。

嫂嫂打枣

嫂嫂用篙去打枣,枣树掉枣砸嫂嫂。嫂怪枣砸嫂,枣怪嫂打枣。要想枣不砸嫂,别用篙打枣。要让嫂不怪枣,枣树别掉枣。

牛小妞骑牛

牛家小妞骑小牛,小牛不走气小妞。骑小牛的小妞,用鞭抽小牛。气小妞的小牛,用头抵小妞。牛抵小妞牛头扭,妞扭牛头牛不拗。牛怕小妞妞骑牛,牛家夸赞小妞妞。

王婆夸瓜又夸花

王婆卖瓜又卖花,一边卖来一边夸,又夸花,又夸瓜,夸瓜大,大夸花,瓜大花好笑哈哈。

狗咬柳小六

柳小六没事胡乱走,走到刘老九的大门口。门口的狗咬了柳小六的手,柳小六紧喊刘老九快看狗。刘老九屋内一个人也没有,白叫刘老九的狗把柳小六咬了一口。柳小六发誓没事不再胡乱走。

哥挎瓜筐过宽沟

哥挎瓜筐过宽沟，赶快过沟看怪狗，光看怪狗瓜筐扣，瓜滚筐空哥怪狗。

小牛赔油

小牛放学去打球，踢倒老刘一瓶油。小牛回家取来油，向老刘道歉又赔油。老刘不要小牛还油，小牛硬要把油还给老刘。老刘夸小牛，小牛摇头，你猜老刘让小牛还油，还是不让小牛还油。

黑虎数猪

黑虎黑夜数黑猪，黑夜黑猪黑虎数。黑猪黑夜围黑虎，黑挤黑挨乱乎乎。黑虎难数黑猪数，急得黑虎呜呜哭。

小王和小黄

小王和小黄，一块画凤凰。小王画黄凤凰，小黄画红凤凰，红凤凰黄凤凰，只只画成活凤凰，望着小王和小黄。

让路

驴在半路上遇见鹿，鹿不让驴，驴不让鹿。鹿不给驴让路，驴偏要鹿让路。驴想让路给鹿，鹿却先给驴让了路。

打狼护羊

小梁上山去放羊，草堆里冲出一只狼。狼撵羊，羊躲狼。小梁护羊打狼，小梁打狼护羊。终于打跑狼护住羊，受到大家一致赞扬。

马虎

马是马，虎是虎。虎不是马，马不是虎。马虎人不分虎和马，分不清虎马是马虎。

草驴驮草

草驴驮青草，草压草驴腰；草驴吃青草，吃草草驴饱。草驴驮青草草压草驴腰，草驴吃草草驴饱。草驴吃青草草饱草驴肚，青草不压草驴腰。

猴子山上上山猴

猴子山上上山猴，猴山山陡猴发愁。猴子发愁猴挠头，猴挠猴头愁山猴。

虎和兔

坡上有只大老虎，坡下有只小灰兔。老虎饿肚肚，想吃灰兔兔。虎追兔，兔躲虎，老虎满坡追灰兔。兔钻窝，虎扑兔，刺儿扎痛虎屁股。兔乐气坏虎，虎气乐坏兔。老虎呜呜哭，灰兔喜乎乎。

小蜜蜂

小蜜蜂，嗡嗡嗡，飞到西，飞到东。蜜蜂东飞东嗡嗡，蜜蜂西飞西嗡嗡。东嗡嗡，西嗡嗡，飞东飞西小蜜蜂。

青虫与青草

草丛青，青草丛，青草丛里草青虫。青虫钻进青草丛，青虫青草

分不清。

菱角嫩
菱角嫩，嫩菱角，嫩嫩菱角有尖角。吃菱角，剥菱角，尖尖菱角有硬壳。吃了菱角扔角壳，壳角扎住我的脚。

花鸭与彩霞
水中映着彩霞，水面游着花鸭。霞是五彩霞，鸭是麻花鸭。麻花鸭游进五彩霞，五彩霞网住麻花鸭。乐坏了鸭，拍碎了霞，分不清是鸭还是霞。

高高山上一条藤
高高山上一条藤，藤条头上挂铜铃。风吹藤动铜铃动，风停藤停铜铃停。

洞庭湖上六角亭
洞庭湖上六角亭，六角亭中挂钢瓶。风吹瓶动亭不动，钢瓶碰亭响不停。

画花也是花
画上盛开一朵花，花朵开花花非花。花非花朵花，花是画上花。画上花开花，画花也是花。

嘴和腿
嘴说腿，腿说嘴，嘴说腿爱跑腿，腿说嘴爱卖嘴。光动腿不动嘴，不如不长腿和嘴。

钉钉板
钉钉板，板钉钉。铁钉钉铁板，铁板钉铁钉。铁钉钉板钉钉板，铁板钉钉板钉钉。

长竹长
长竹长，我也长，长竹比我还要长。长竹长，我也长，我和长竹一起长。我长想比长竹长，长竹长得比我长。望着长竹长，气得哭一场。

做买卖

买卖人做买卖，买卖不公没买卖。没买卖没钱做买卖，买卖人做买卖得实在。

人和银

一堆银，一群人，一群人分一堆银。闹闹嚷嚷人分银，也不知道多少人有多少银。有人说分银论斤不论两，有人说分银论两不论斤。论斤分银每人分半斤余四两，分两论而每人分四两余半斤。人分银，银给人。你算算多少人来多少银？

数青蛙

一只青蛙一张嘴，两只眼睛四条腿，扑通一声跳下水。两只青蛙两张嘴，四只眼睛八条腿，扑通扑通两声跳下水。三只青蛙三张嘴，六只眼睛十二条腿，扑通扑通扑通三声跳下水。四只青蛙四张嘴，八只眼睛十六条腿，扑通扑通扑通扑通四声跳下水。

背水杯

贝贝背水杯，水杯贝贝背。贝贝背水杯背背水杯。贝贝背。水杯贝贝背，贝贝背水杯。

石狮寺前石狮子

石狮寺前有四十四个石狮子，寺前的树上结了四十四个涩柿子。四十四个石狮子不吃四十四个涩柿子，四十四个涩柿子倒吃了四十四个石狮子。

NO5. 魔术的学习指导

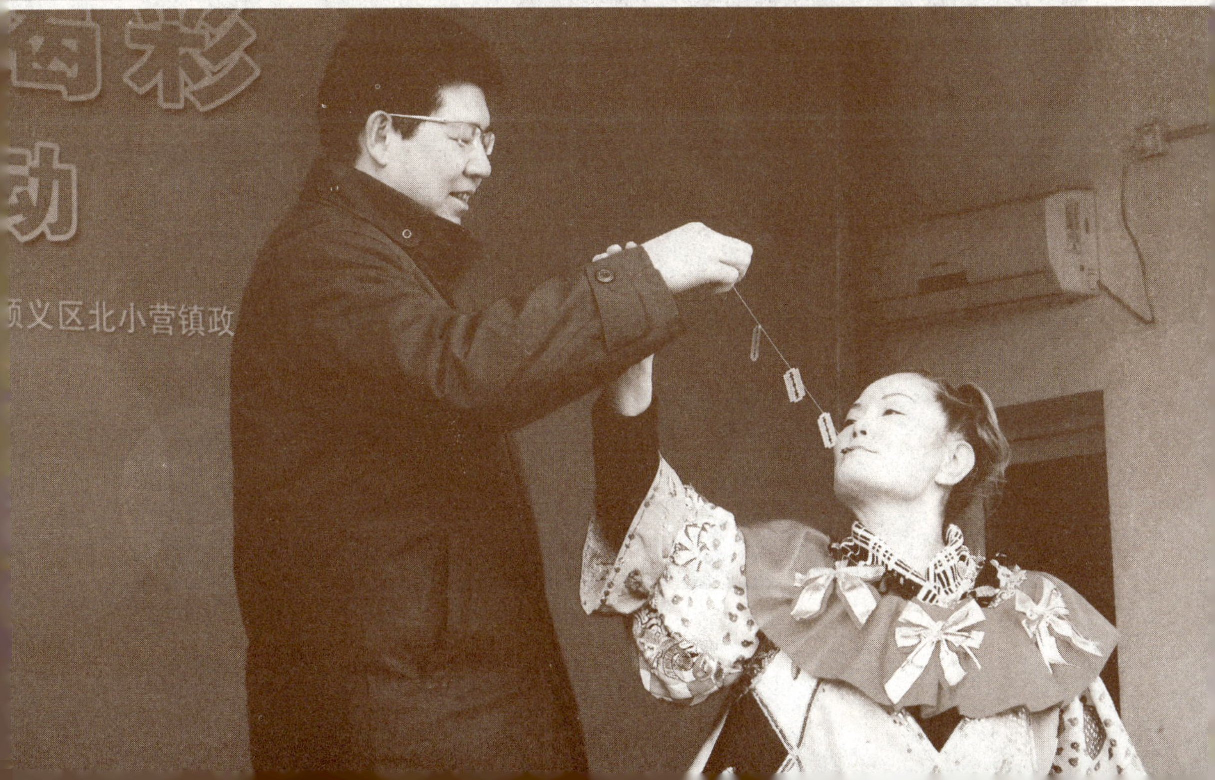

魔术的含义和种类

魔术的含义

魔术是能够产生特殊幻影的戏法，即以迅速敏捷的技巧或特殊装置把实在的动作掩盖起来，使观众感觉到物体忽有忽无、变化不测的一种杂技。魔术师用极敏捷、使人不易觉察的手法和特殊的装置将变化的真相掩盖住，而使观众感到奇幻莫测。

魔术一词是外来语，我国古称"幻术"，广东称"掩眼法"，俗

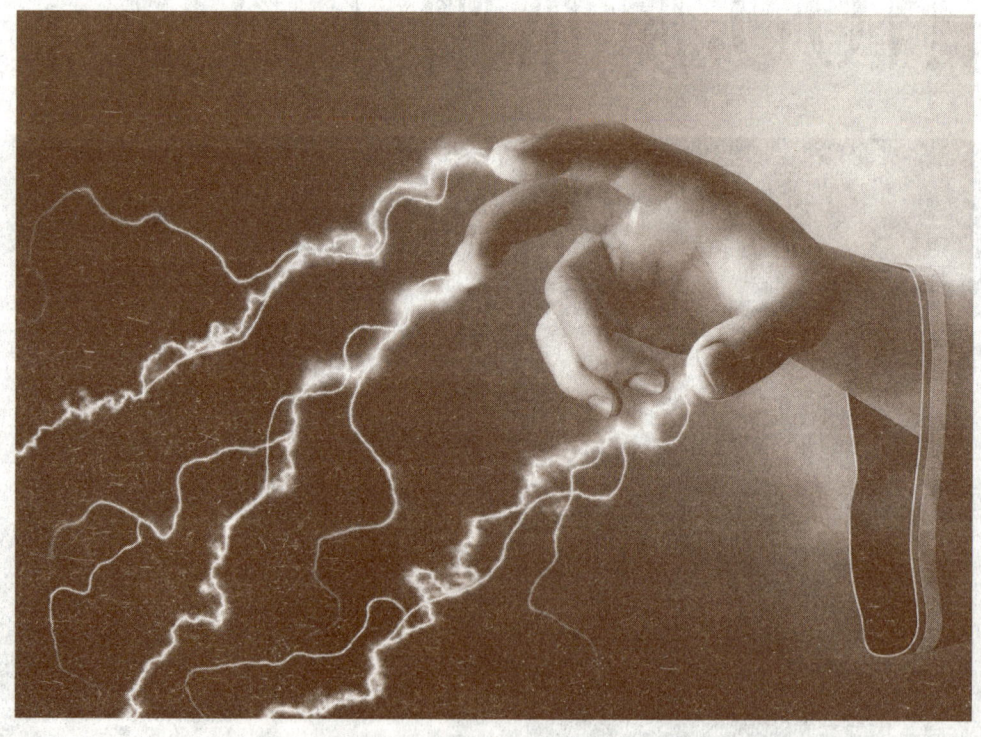

称"变戏法"。

魔术依靠灵活运用光、声、电等物理或化学的多种科学原理，用奇特的艺术构思，造成种种离奇巧妙的表演形象。魔术早在2000多年前就已出现在我国汉代的"百戏"中，至唐宋年间，魔术作为一种表演技艺尤为发达。

近百年来，随着中外艺人交流日益增多，国外魔术也大量地传入我国。那时，南方的魔术艺人侧重于吸取西欧的魔术表演手法，北方则更多地借鉴了亚洲的魔术技艺，因此，出现了我国魔术的南北两大流派。所谓南派，其表演讲究道具造型的宏伟壮丽，表演优美洒脱，一般不说话；北派多重于手上技巧，除表演细腻外，还注重"使口"(说功)，这成为北派魔术的一个重要特点。后来，随着南北派交流日益增多，相互取长补短，现在南北两派之分已不甚分明。

魔术的分类

古今中外的魔术节目种类众多，五花八门，没有人知道确切的数字，也没有人认真统计过。根据魔术节目内在的规律可以把它们分成几大类：

1.按表演场地分类

舞台魔术：它利用舞台作机关，台幕作背景。所用的道具均与舞台相联系，不能在室内或没有设备的地方应用，所以称之为舞台魔术。很多舞台魔术，利用灯光，以眩耀观众的视线。舞台的背景，以黑、深红、深蓝、墨绿等色的布幕为最佳。因深色背景可以掩护魔术上的秘密。另外配上音乐伴奏，可作出更精彩的表演。

室内魔术：它多数采用小巧玲珑的道具。由于室内魔术与观众们的座位很接近，又没有可以作掩护的背景、机关，那就必须充分发挥演员的机智和才能了。

宴会魔术：所谓宴席魔术是指魔术师在宴席上为宾朋表演的魔

术。此魔术所需要的场面要比家庭魔术大许多，观看者也多一些。魔术师可以站在那里表演，也可来回走动表演，这样活动的范围就变大了，表演时也比较轻松、自然。表演的内容基本上以小型手彩魔术和小型门子活儿为主，但必须带有很强的趣味性，只有这样才能吸引观众的眼球，才能增加宴会的喜悦气氛。

近景魔术：即近距离观看的魔术，它具有与观众互动性强，对细节手法要求高等特点。因为与观众面对面接触，观众又常常可以触摸表演物，往往带来的震撼极大。

2.按历史角度分类

中国魔术可以分为"中国古代魔术"和"现代魔术"。经常在一些表演当中看到某人擅长"古典戏法"，即属于中国古代魔术中的一种。

3.按原理与技术分类

这种分类不是绝对的，表演时可以根据不同的需要交叉使用不同的原理与技术，又可分为：

手法类：以手法技术为主，必须勤练才能表演。

器械类：以巧妙设计的机关、器械来进行表演。

心理类：根据心理学的原理来进行魔术表演。

科技类：以化学、物理等自然科学知识作为依据来进行表演。

4.按表演规模分类

大型魔术：也叫作"巨型魔术"，俗称，"大活儿"。所使用的道具体积比较大，主要用来"变人"或更大的动物。

中型魔术：也叫作"中活儿"。

小型魔术：也叫作"小魔术"，又称"小活儿"。所使用的道具小而精致，可以放在手上表演，也可以放在彩桌上进行表演。

5.按表演专题分类

某位魔术师擅长某种道具的魔术，常把同一道具的魔术组合在一起演出，形成一个专题。专题魔术包括：

硬币魔术：利用硬币进行表演，魔术师通常爱用人民币壹元币和美金五角币进行表演。

纸牌魔术：纸牌魔术用扑克牌进行表演，纸牌魔术往往有上万种之多。

丝巾魔术：用丝巾、纱巾作道具进行表演的魔术。

绳索魔术：解绳索或挣脱绳索之类的表演。

海绵球：用海绵或海绵球进行的魔术表演。

心灵魔术：读心术、透视、预言等超能力类的魔术。

6.按魔术效果分类

一位美国魔术师达里尔·费兹奇曾在他的著作《魔术脑》中为魔术的效果做了以下的分类：

制造：包括出现、制造和繁殖。

消失：将固体遁形。

移位：将固体由这方遁形至他方出现。

改变：质与形的改变。

穿透：一个固体物毫发无伤地穿过另一个固体物。

复原：将完全破坏的东西恢复原状。

赋予生命：使无生命物自己会动。

飘浮：改变其重力。

吸引力：神奇的吸附力，也是改变重力，但须有另一个有形的物体来吸附。

刀枪不入：反人体自然现象。

反自然物现象：反常或畸形的人或动物。

跟观众比赛：请观众上台照着做，结果却不一样。

共同反应：操纵某一物体，而另一相同物体则有同样反应。

控制力：用意志力控制无生命物。

辨识力：以视觉以外之感官辨识文字或物体。

读心术：读取对方心中所想。

思想传送：将心中所想以非口述传达给他人。

预言：预测将要发生的事。

超感应力：就是俗称的ESP。

7.按照魔术的流派分类

中国戏法：特点是表演细致入微，强调手的技巧和肢体语言，道具小巧，过去多为摆摊近距离表演，可以四周观看，不宜在下面看，目前发展为舞台表演，并有向大型魔术发展的趋势。

西洋魔术：表演滑稽惊险，气势磅礴，注重利用道具，多为舞台表演，与观众有一定距离，不宜在表演者背面看。目前发展较快，利用现代科技成果越来越多。随着东西方交流的日益频繁，二者有相互融合的趋势。

魔术师的神秘用具

魔术师在表演中用到的一切物体都可以称为魔术道具。但是一般特指其中暗含机关，能够在魔术表演中发挥作用的物品。

道具，是魔术师表演的工具，更是魔术师智慧的结晶，是他们转化常规思维定势，利用简单物理学原理，以及借助各种现代科学手段实现智慧与艺术的结合。

装兔子的木箱

从外观来看，这就是一个精致且普通的箱子，可是打开后，这只箱子就不是普通的箱子了。它的一侧有一个摇动的手柄，前面有一个像滚筒一样的装置。

其实，它是一个伟大的魔术道具，因为它带来的效果是令人震惊的。

魔术师走上舞台，手里抱着一只兔子。这只兔子的身材健壮，眼睛透亮，耳朵竖得很直，小尾巴短短的，浑身上下都是雪白的……之所以这么详细介绍，因为它是今天表演的主角。

魔术师把这只兔子举起来，向观众们展示了一下，但是这只兔子不老实，想拼命逃跑，好像自己不是主角，于是魔术师要惩罚它，让它变得听话一些。

终于轮到我们伟大的魔术道具出场了！只见魔术师打开箱子的顶盖，把那只不安分的兔子放了进去，然后关上盖子。

魔术师慢慢摇动箱子边的手柄，而那个滚筒一样的装置随着手柄的转动也滚动起来。

此时此刻，让人惊讶的事情发生了，一张像纸一样的东西顺着滚筒从箱子里滑出来了，这个东西居然是一只压扁的兔子，而且，兔子的表情很生动！

魔术师非常满意，兔子终于老实了，并且非常容易携带。

观众们不敢相信眼前发生的一切，于是魔术师把箱子打开，展示给观众：箱子里面都是空的，根本没有活蹦乱跳的兔子。难道兔子真的被压扁了？

变魔术的魔镜

今天介绍的一款魔镜有些特别，它并不是《白雪公主》里面的魔镜。而这个魔镜则会表演魔术。

魔术师上场了，手里提着一个大箱子，他慢慢打开箱子，里面是一面长方形的镜子，镜面比较光滑，这就是刚刚提到的会变魔术的魔镜。

魔镜到底是怎样变魔术的呢？魔术师小心地把魔镜拿出来，向观众展示一番：前后都让观众看清楚，并用手指轻敲镜子。这样观众就看清楚了镜子没有任何瑕疵，同是也证明了镜子不是空心的，那么也就证明镜子里面也不可能有什么机关。

这时，魔术师拿来一个黑色的布袋，这个布袋两端开口，然后套住镜子的中部，接着他又拿了一条红色的丝巾，并把丝巾塞进了布袋里。

奇迹终于出现了，丝巾本来是塞进了布袋里，魔术师却从镜子的后面给拽了出来！

但这只是一个开始，那黑色的布袋动了起来，好像有什么东西在移动。

突然，魔术师的手从镜子的前方伸出来了，这时，魔术师转过身，观众可以看得更清楚一些。

随后，魔术师把手臂拉出来，有把黑布袋拿开，镜子是完好无损的。这真是一面魔镜呀！

会跳舞的丝巾

现在都流行养宠物，但是很多人都是养一些猫狗之类的小动物，没有什么创意。不过，也有养冷血动物的，比如：蜥蜴和蛇等等。

然而，这些动物每天都要吃喝拉撒，管理起来也不容易，而有一种宠物不吃不喝，也不拉撒，是环保型的。它有着丰富的感情，有时会撒撒娇，向主人讨好，不过它也会生气的。

总之，它不是一般的宠物。说了这么多，你们一定在想它是什么样的宠物呢！其实，它不是什么宠物，而是一块丝巾。

大家不要哄笑，这不是一块普通的丝巾，它甚至会跳舞哦，现在，就让你们见证它的神奇之处。

表演开始了，站在台上的魔术师从衣服口袋里拿出了宠物丝巾。

魔术师发出了指令，宠物丝巾也动起来了，完全按照魔术师的指令来运动，比较听话。魔术师挠它痒痒，它也有感觉，就像一只被人逗弄的猫一样。

突然，魔术师抽出一根棒子，向它打去，它竟然躲开了，魔术师不信，又打了一下，它还是躲过了，真是个反应敏捷的家伙啊。

台下的观众开始怀疑了，他们认为丝巾是因为魔术师手上有丝线牵引着。为了证明丝线不存在，魔术师把宠物丝巾放到了玻璃缸中，

并盖上盖子,在这样的环境里,宠物丝巾还是那样活蹦乱跳。

这块宠物丝巾有时像鸟一样站在铁环上,有时会站在魔术师的肩膀上。

表演结束了,宠物丝巾还向观众致敬,然后就退场了。

看了宠物丝巾的表演,是不是心动了,有一个这样的宠物很好,保证你的生活没有任何烦恼,反而会轻松愉快。

魔术的表演形式

魔术的表演形式依照表演规模大致可分为：近距离魔术、沿桌表演、街头魔术、酒馆式魔术、舞台魔术和大型幻象魔术六种。

近景魔术
近景魔术或称为近距离魔术。近距离面对一个或数个观众作表演，需要有熟练的手法技巧，所用的道具多为日常生活用品，如钱币、扑克牌等。因为与观众面对面接触，观众又常常可以触摸表演物，成功的表演震撼力极强。

沿桌表演
通常于餐馆表演，表演者沿着顺序一桌一桌地进行表演。

街头魔术
近年兴起的表演方式，其中以此最著名的是美国魔术师David Blaine以街头为舞台进行与观众各种互动的表演。

酒馆式魔术
用一些中、小型道具配合演出，适合于夜总会、生日会或周年晚会。互动性高，常常表演者逗得台下笑成一团。

舞台魔术
需要配合大型魔术道具、舞蹈、舞台灯光、音响演出，如有需要，舞台亦要经过特别改装。此类表演只适合在大剧场或大礼堂中进行。

幻象魔术

"自由女神消失"或"穿越长城"诸如此类的大型幻象魔术往往需要很多经费来配合,大概只有电视台作靠山的魔术师变得起。

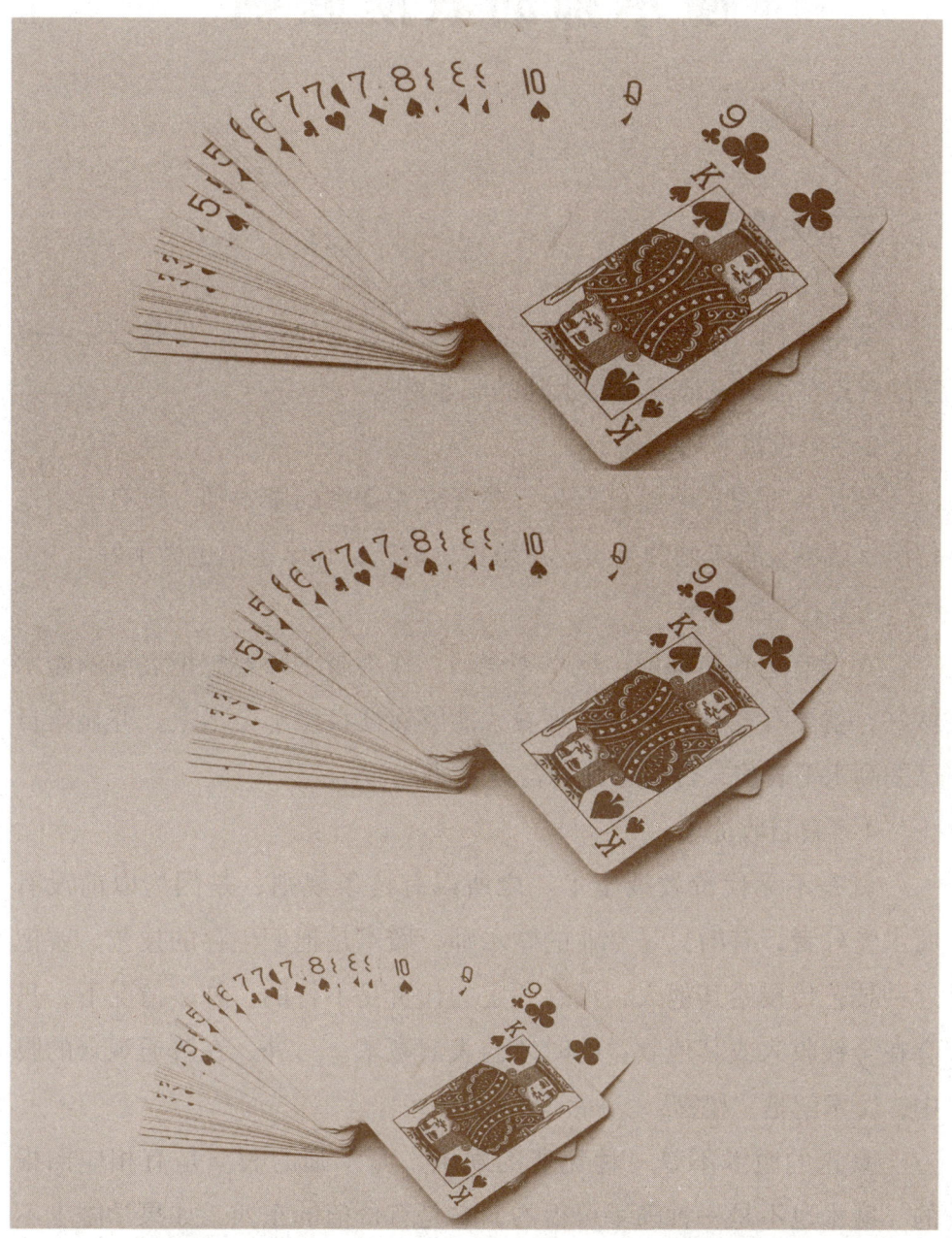

魔术师的表演原则

魔术师戒条

1.要有职业道德

要尊重同行,要有职业道德感。这是重要的一点,也是首先要遵守的一点,因为这体现了魔术师的职业道德。

2.不可投机取巧

要认真练习,不投机取巧。要想成为优秀的魔术师,没有辛勤地付出,就不会有丰硕的果实,总想投机取巧,什么事情也做不好。

3.要有熟练技术

在没有达到熟练前,绝不去表演。作为魔术师要想把表演的魔术做好,就要有充分的准备和练习,能够保证自己不会出丑,并显露自己的高水平表演,否则还是不表演为好。

4.不盲目收徒弟

就是不无代价教授魔术。之所以有这条规则,是因为以前没有魔术爱好者,有的只是专业的魔术师,魔术是他们生存的技艺。要把这种技艺传授给其他人,没有一定的代价是不行的。许多情况下,只有在金钱收入或其他收益的时才会表演魔术。另外,在普通观众的眼中,魔术就是"秘密"。

真正的魔术不是一种免费的娱乐,魔术师的表演是有相应回报的。魔术也不是一种随手可得的,它是有价值的东西,如果学魔术不用付出代价，那么魔术就不再有什么价值可言了。

5.玩魔术走正道

魔术是一门有着千年历史的艺术，但是有些人认为魔术是骗人的把戏。

人们会这样认为是因为有许多人在利用魔术骗人财物。

还有些人学习魔术就是为了赌博、诈骗，这些都是不正当的行为。这也就超出了魔术的范围。

所谓以正道发展魔术，就是利用魔术带给观众更多的欢乐，增强魔术师的信心，让他成为视点。

萨斯敦原则

无论哪一行都有自己的行规,如果不去遵守,不但会使自己遇到困难,也会受到同行的鄙视,在魔术界更会如此。在魔术界,也有行规,那就是世界魔术师公认的"萨斯敦三原则"。

为什么会以人的名字命名呢?因为霍华·萨斯敦是20世纪初美国的一位伟大的魔术师,为了纪念他,在魔术表演的三项原则前加上了他的名字。下面就是三项原则的内容:

一是表演前,绝对不说明所要表演的内容。魔术的魅力所在就是它的不可预知性,也就是惊奇感。魔术师是不会让观众知道下面会发生什么事,除非他在预告的时候做了魔术动作,这点是很重要的。

如果对方知道了你下面要表演什么,那么整个过程将会像知道小说结局的一样淡而无味。如果魔术师这样说:"请看我的脖子后面有什么。"接着他拿出了一枚硬币,你一定会吃惊的。如果魔术师事先告诉你"一会儿在我的脖子后面会找到一枚硬币",那么他真的做到了,你也不觉得惊奇。而且你会在表演前就注意魔术师的举动,观察

他是如何拿出硬币的。这样魔术师的表演会遇到困难。作为魔术师,一定要避免此类情况的发生。

二是同时、同地、同观众时,不可表演相同魔术两次。这一条原则的精神与上面一条大致相同,只是这一条更加具体一些。如果观众事先知道了下面要发生的事,那么

观众就没有心思观看了，更不会感到惊讶。由于事先对整个过程比较了解，因此很容易看出魔术的破绽。这样，你就可能失去看表演的观众。

三是绝不向观众透露魔术任何秘密。所谓的"透露"，不包括教学。这是三项原则中最重要的一项。魔术师一定要切记，千万不要去破解魔术。因为魔术都是前人花很多精力和金钱创造出来的。对所有的魔术师来说，这些都是智慧的结晶，是我们应该共同保护的。

无休止地破解魔术的秘密，不但会使创造者受到伤害，还会阻碍魔术事业的发展，更会剥夺观众体验魔术的神秘的机会。当观众说："请你告诉我这是如何办到的？"这就说明你的表演比较成功，你的观众已经感到惊奇，此时他们正在体验魔术的神秘所在。如果你想让观众表现出失望和没有渴望的表情，你只要把魔术的秘密告诉他们就可以了。

魔术师表演的步骤

在魔术表演过程中，可以分为4个步骤。

谝

所谓"谝"，也就是表现、夸耀的意思。

在表演开始时，魔术师要把道具或双手向观众交代清楚。在交代时，运用表演方法和变幻技巧，将道具中的机关秘密（也就是"门子"）合理隐蔽起来，使观众不易发现，即从正面看没有任何破绽，这叫作"谝"，内行称之为"票托"。

"谝"又可以分为"明谝"和"暗谝"。所谓"明谝"是指魔术师向观众直接交代。"暗谝"是"无意识"地向观众间接交代。

像《遁鸭台》，魔术师先将5块木板逐块拿起来，向观众交代正反两面都没有什么秘密。这是"明谝"。魔术师的双手也应该交代，但交代的方式是"暗谝"，即在交代5块板的同时，很自然地将双手交代清楚。

"谝"的要点是：清楚明白，方法准确，动作敏捷。

铺

就是为变幻做好准备的各种表演动作。

如暗中把"门子"打开或关上，以及"上托"，即在表演当中，将机关门弄好，为变幻做准备、"下托"、"入托"，即将彩物装入道具的夹层里等动作都属于"铺"。

"铺"还包括迷惑观众或分散观众注意力的表演方法和动作。像《遁鸭台》，魔术师将5块木板拼搭成一个木盒，放在彩桌上。上盖打开后，让助手扶住。魔术师用把鸭子拿起来后，放入木盒内；暗中用左手把机关打开，双手将鸭子塞入夹层里；随后关上机关，最后盖上盒盖，这样为变幻做好了所有准备，魔术师和助手离开彩桌。

"铺"是"谝"和"变"的过渡阶段。"铺"得好与坏至关重要，马虎不得，动作要灵活迅速。

"铺"的要领是：没有任何破绽。

变

就是在"谝"和"铺"之后，进行的最后一个动作。像《遁鸭台》进入"变"的阶段时，魔术师做一个变幻手势，向观众示意，表明鸭子不在。随即把盒盖拿下来，交代一下正反两面，交给助手。然后亮一下木盒，说明鸭子的确不在。

"变"是最重要的一步，也是表演过程中的高潮。因此舞台造型和亮托动作要优美大方，富有神秘色彩，这样才能给观众留下深刻印象。

一个节目成功与否，主要在于"变"。

收

在上述三个步骤完成后，为了不让观众有更多的怀疑，还要把道具或魔术师的双手向观众交代清楚,证明自己没有任何舞弊行为,这个过程叫作"收",也叫"收托"。

像《遁鸭台》在收的阶段,魔术师把木盒拆开后,把每一块木板都交代好后,扔给身旁的助手。最后把彩桌也拆开,将桌面和桌腿分别打开,让观众看清楚没有任何夹层。这最后的交代,既有"谝"的作用,又起到了收场的效果。

魔术表演,一般都要按这四个步骤进行。而这四个步骤是魔术表演的完整过程,既不能机械地套用,又不能挑选着用。如:表演"站悬"(空中悬人的一种)时,一开始就进行"铺":女助手站在凳子上,魔术师对她做"催眠术",幕后的男助手"上托",即在表演当中,将机关过门弄好,为变幻做好准备。接着是"变":魔术师把女助手脚下的凳子撤开,使她悬在空中。最后是"收":用铁圈在女助手身上套过去,证明没有机关秘密,也是"谝"。

总之,进行魔术表演大致都离不开"谝"、"铺"、"变"、"收"这四个步骤。

要更好地完成这四个步骤,魔术师要和自己的助手协调配合,一方面可以分散观众的注意力,使魔术秘密得以隐蔽起来;另一方面可以使演出气氛高昂,给观众以欢快的感觉。

魔术师的秘密武器

秘密动作

看过魔术表演后,通常观众都会这样说:"他们的手变换得真快。"魔术师的手真的那么快,快得看不出破绽吗?魔术师表演魔术需要手上动作灵敏性。但事实上,让观众看不出破绽还有一个秘密武器,那就是他们的"秘密动作"。

正因为这些"秘密动作",观众是察觉不到的,这样才会有很多人认为"魔术师的手很快"的错觉。在魔术师的表演生涯中,经常会听到有人对他说:"我知道你是怎么做到的,因为你的手比我的眼睛快。"其实,人的手再快,也快不过眼睛。

"秘密动作"又是怎么做到的呢?只用过快的动作吸引观众的注意力,无法作出"秘密动作"。这就需要一种"障眼法",用魔术专业用语说就是进行"错误引导"。

错误引导,也就是将观众的注意力往错误的方向引导,是一种操纵对方注意力的专门学问。如,本来扑克在左手里,可魔术师还要用眼睛看着右手,这样观众就会只注意他的右手。这是魔术师最强有力的武器之一,也是魔术师必修的专业知识。要想知道职业魔术师的水平如何,只要观察他怎样使用"错误引导"法,就一清二楚了。

研究错误引导是一个复杂、深奥的问题,这里只介绍它的基本原理:

原理一:观众会注意动的东西,或是发出声响的东西。相反,观众不会注意到静止不动或不发声的东西。

原理二：魔术师所看的地方，观众的眼睛也会盯上去。

原理三：魔术师觉得很重要的东西，观众也会觉得很重要。

当然，只是看一些文字描述，无法理解及体会其中的奥秘的。想要知道魔术表演过程中，"错误引导"是怎样发挥作用的，请仔细揣摩每个魔术表演里的细节。

科技应用

不管从哪方面来说，古代魔术与现代魔术都离不开科学技术的应用。在科学技术高速发展的今天，巧妙利用科学技术不断创新魔术，增强魔术的效果，是现代魔术更吸引人的方法之一。

每一个魔术节目都是依据科学原理进行的，有些道具的机关结构更是充分利用了科学技术成果提供的有利条件。比如：物理学、化学、力学、声学、光学、电工学、无线电技术、遥控技术、几何学、数学、机械原理以及心理学等，都可应用于魔术的道具制作、变幻和表演上面。

不过，这些科学原理和技术，是不能照搬到舞台上去的，必须通过巧妙伪装和改造，使其符合魔术变幻的条件，又不会让观众看出破绽。

若要做得非常巧妙，那就需要魔术家们创造性的劳动和艺术性的加工。

魔术离不开科技，但魔术毕竟是魔术，它和科学技术既密切相连，又有区别。

高手魔术师所设计的魔术，有时科学家们也会感到莫名其妙，这才是真正的艺术！

怎样在魔术表演中运用科学技术呢？

魔术表演运用科学技术主要体现在机关（门子）的设计和道具的制作及表演方法方面。下面就加以说明。

1.设计"机关"

"机关"也就是魔术道具的门子。这是可以直接用自然科学原理来进行设计的。例如：

《立柜变人》"机关"是利用光学原理设计的。是将两块反光镜片放在柜子里，成为直角，并使镜片与侧壁形成45度夹角。这样侧壁的形状可以通过镜片反射出来，正好代替后壁的形状，而助手就藏在镜片的后面。

当观众看时，柜子里面是空的，无法看到镜片后面的助手。为了不让观众看到后面的反光镜片，又要便于助手出没，还必须进一步伪装。

《人体三分》是利用几何学原理设计的。三个木柜分为上、中、下，这并没有什么秘密。当魔术师把中间的木柜推出来以后，这个木柜就会自动形成一个直的夹层，而助手的腰部就藏在这个夹层中间。由于计算精确、设计巧妙，再加上道具美化伪装，使观众看起来夹层很窄是藏不下人的，因此，只好相信助手被分割成三段了。

《刀箱子》是先把助手装进箱子里，然后魔术师将十多把钢剑从前、后、左、右分别刺进去。在观众看来，钢剑插得很密，助手是无法藏身于箱子里面，真是为箱子里的人捏一把汗。其实，这完全可以的。这个道具设计是根据助手的体形、按几何学的原理将钢剑插入箱子的。刺进去的钢剑在箱子里形成立体几何形，虽然插得很密，还是留有一定的空隙，能够容纳助手的身体。

《蜡烛自燃》中的蜡烛则是特制的。它是利用了电阻丝通电后烧红发热的原理，使蜡烛自动点燃；而在蜡烛点燃时，又巧妙地利用了"定时开关"。

《钢针刺气球》，它的变幻原理是利用气球本身的物理特性，不需要任何道具和门子。当气球吹满气后，其球壁就会变得很薄，用针一刺就会爆炸。但是气球的顶部和根部却并没有多大变化，还留有一定厚度，其回弹能力还比较强。所以用钢针把气球的顶部和根部刺透，气球也不会爆炸。其实观众是不太了解这些特性，所以感到莫名其妙。

2.制作道具

制作道具体现了科学技术的应用性，更能体现科学技术提供的便利条件。例如：

《手杖自遁》是利用特殊钢材的弹性和机械性能，并经过热处理后而制成的道具。可以任意弹开或缩小。这没有现代的科学技术是绝

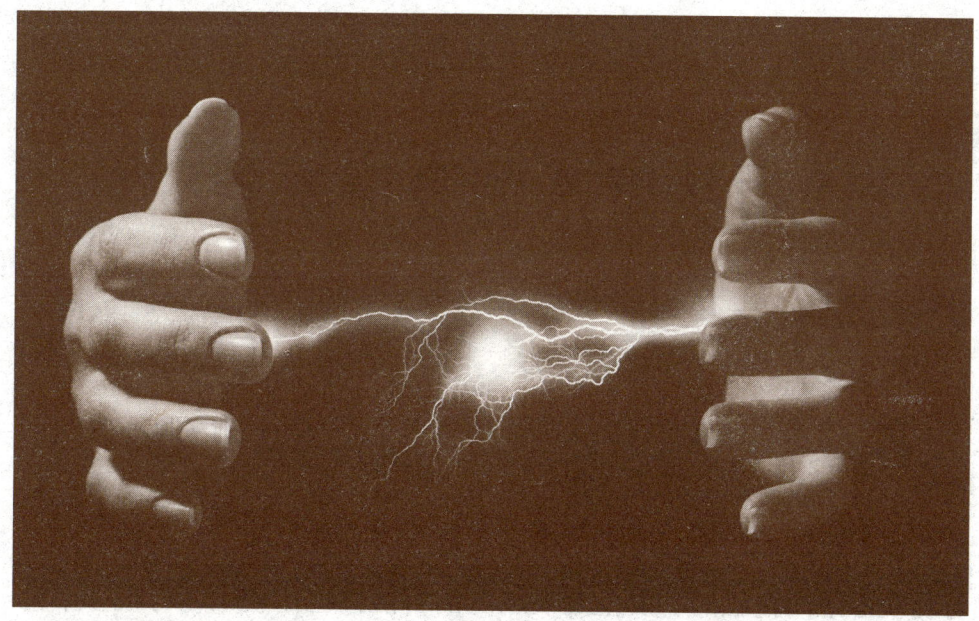

对制作不出来的。

《人身传电》这个节目更说明了这一问题。这是利用了高频电流和无线电波及其他有关设备，完全依赖于无线电技术。因此，没有现代的高科技也就没有这个节目。

3.巧妙表演

表演方法方面利用科学原理也是非常多的。如《茶水变色》，就是将硫酸亚铁放进茶水里，茶水就变成了黑色；再把柠檬酸放入黑色水中，又变回了茶水。这主要是利用化学原理来完成的。

《听牌》、《猜牌》等扑克牌魔术是利用数学原理完成的。还有些魔术表演是利用了观众的心理。

街头魔术的表演准备

街头魔术，也就是在街头表演的魔术。要表演好街头魔术是很困难的，这比表演幻象魔术或舞台魔术还要难。因为街头魔术是不可利用，也不可能利用大型魔术的道具或舞台灯光效果的。街头魔术师是与观众零距离接触的，发生突发状况的可能性也比较大，有很多事情是无法预知的。

从这方面来看，街头魔术与近景魔术其实有许多相同之处，只是近景魔术的表演场地是在桌面上，街头魔术的表演场地是在大街上。街头魔术的表演具有很强的随机性，想要事先排练好，然后再拍摄表演不太可能。因为观众是从大街上找来的。当然，不排除有些街头魔术的观众是临时找来的"托儿"，那样的话，就不能算是真正意义上的街头魔术了。

总之，街头魔术要比舞台魔术和幻象魔术更具挑战性，更加考验魔术师的手法及应变能力。所以，想要表演好街头魔术不是那么简单。不论你知道多少街头魔术，懂得多少街头魔术的知识，甚至是表演过，但是亲自去街头表演魔术仍旧是一件很困难的事。

在街头表演魔术时如何控制自己的情绪，如何控制自己手中的牌或是硬币，甚至包括要用怎样的语言或是语气去完成你的表演等等，这些因素都要考虑到。

总之，一旦你决定要表演魔术，尤其是街头魔术时你就不得不把一切都考虑清楚。否则，任何突发状况都有可能破坏你的表演。那么，要怎样做才能让街头魔术的表演更顺利、更容易成功呢？

重复练习

不管是什么表演，在表演前都要经过反复练习，直到不出现任何漏洞。街头魔术也不例外。街头魔术除了要熟练掌握魔术手法以外，还要懂得如何与观众交流。

在表演街头魔术时要做到使用了魔术手法和技巧，但是别人并没有看出来，看上去好像你没有使用手法一样。

练习时可以对着镜子，先不用任何魔术手法和技巧完成，然后再慢慢加上手法和技巧，以体验加与不加的感觉。

当你能将两者练习到没有任何区别时，你就成功一半了。所以，重复的练习是很重要的。

编排流程

想让街头表演更加丰富多彩，可以把许多小魔术穿插起来，使其变成一个魔术流程。

表演开始的时，你可以表演短而精的小魔术，来吸引大街上行人的注意力，比如两张纸牌或者咬穿的硬币。

表演完这些短小的魔术后，对此感兴趣的人都会停下来欣赏你的表演，这时要表演更长的魔术。如果会熟练地换牌或者是切牌，你可以试着表演一些类似概率为零、不易被察觉痕迹的或者是拿手的王牌等魔术。

现在，你的表演进入了高潮阶段，已经到了拿手魔术的时候，也就是所谓的必杀技，比如消失的纸牌或者一些类似的改编过的魔术都能收到很好的良好效果。

这样对魔术流程进行一次编排，就能让你的表演大受欢迎，赢得观众的喝彩。

确定服装

在街头表演时，你没必要穿得那么华丽，因为那样只会让人感觉你是一个傻瓜。其实很简单，只要穿一套很普通的衣服就可以了。总之，尽量让你自己看起来与观众没有多大区别，这样对表演很有帮助。

一个穿着普通的人变魔术和一个穿着奇怪的人变魔术，前者更能让观众感觉惊讶，收到的效果也是非常大的。相反，后者只会让人感觉你变魔术是很正常的。

当然，也可以根据要变的魔术来选择穿什么样的衣服。比如需要几个小道具，或者是要有足够的空间可以藏东西，就可以选择一些口袋比较多的衣服或者是有宽大长袖的衣服。

获得许可

在上街表演时，应该考虑一下是否得到了许可。如果是在大街上表演，你是否要得到街道管理人员的许可；如果是在餐厅里表演，你又是否得到了餐厅老板的许可；如果是在公园里表演，你是否要得到公园管理人员的许可……

以上这些都要问清楚，以免在表演过程中带来麻烦。那样只会扫兴，影响你和观众的情绪，表演也将不能进行下去。

选择地点

想要提高魔术表演成功的概率,你就必须选择好的表演场地。因为场地不同,人们的情绪也会不同,这也决定了观看表演的人有多少。场地的选择要注意几点。

首先,场地是人流比较集中的地方,如果你挑选一个偏僻的小巷表演,那也许就没有人光顾你的表演了,也就失去街头魔术表演的意义了。

其次,你选择的地方人比较多,但是人们必须是悠闲的,没有多少事可做,这样他们才会观看表演。

如果你选择靠近写字楼的地方来表演,从身旁经过的人虽多,但是人们要去工作,要去上班,没时间看表演。

最后,你应选择人多,而不拥挤的地方表演魔术,因为表演魔术是需要空间的。如果太拥挤,你的手法和技艺无法施展,而人们也看不清楚你的表演。

总之,你需要能放开表演的地方,否则,你有可能会在表演的中途,甚至还没有表演,就被挤到一边去了。

在这里,有几个比较理想的地点可以介绍给大家:超市的外面、一些特色小店的门外、饭店或酒店的外面、银行外面或者是室外的小型狂欢聚会。这些地方人都比较多,但人流却不是特别大,而且来这些地方的人们大部分都是很悠闲、或不用忙着工作的。

还要注意一点就是你要选择适当的时间表演,比如,人们刚吃完饭或刚逛完超市出来的时候。一定要确定在人们有心情看你表演时进行表演。

寻找观众

在找到了适合自己表演的地方后,你要寻找决定你街头表演是否能成功的重要因素,这就是观众。

你可以找一个人，也可以找一群人。但不是随便什么人都可以的，观众也要经过筛选。

首先，你找的观众要轻松悠闲，而不是忙碌的。如果你让比较忙的人看表演，那你就是在给自己找麻烦。因为魔术是娱乐性的和消遣性的。

其次，找准表演的时间。因为不是所有悠闲的人都愿意看表演。如果你选择在一家餐馆里表演魔术，你就应该选择那些已经吃完饭，但还不想立刻离开餐馆的人们，饭后欣赏一场精彩的街头魔术，是许

多人求之不得的。

至于那些正在点菜或吃饭的人，还是不要去打搅他们，否则只会起到反面效果，因为他们关心的只是吃饭，而不是魔术。

最后，要选择一些看上去比较文明的，可以信赖的观众，这样可以保证在表演时没有人会去突然翻牌或者做一些不利于表演的动作。若是选择一些喜欢魔术，相信魔术的观众是最好的，这样在精彩表演时也会为你喝彩，帮你增加现场的气氛，甚至能招揽更多的人来看表演。

要有勇气

街头魔术的初学者要做到这点确实有些困难，但是这点又非常重要。就算你已经在街头魔术方面有很丰富的表演经验，而且在陌生人面前也能自如表演，不会出现任何问题，你也不可以忘记这一点。有时候，勇气会让你的街头魔术表演越来越好。

学会搭讪

看表演的对象确定后，你就要与之搭讪，这也是需要技巧的，不然他们就不会来看魔术表演了，也有可能会被别人误认为有不良企图而招来警察。

首先，你在大街上寻找对象时，一定要随意，不能让人们看出来你特意寻找什么人。当你找到合适的表演对象时，就要鼓起勇气走上前去，作出一副你只是偶尔注意到他们的样子，至少表面上看起来是这样。不要在适合做观众的人经过时，只顾看周围的一切，而他们走过去时才叫他们停下。你这样做只会吓到他们并引起他们的反感，这个时候他们非常不情愿看到你，更别提看你的魔术表演了。

总之，大家要切记，只有在魔术表演接近尾声时，你才能凭借你的表演来惊吓观众。如果在搭讪时就使观众受到惊吓，只会让你得不偿失。

要有礼貌

当你靠近所选定的表演对象时,他们就会注意到你。这时候,你要保持微笑且富有精神,就算是假装的也一定不要让人看出来,然后礼貌地同他们打招呼、问好。从现在起,他们会开始关注你的一举一动。因此,无论你站在哪里,无论你在做什么,无论你的观众说了什么或做了什么,你无时无刻都要保持礼貌,这样做就会为你带来更多的好处。

介绍技巧

在道具准备好,表演场地选好,表演观众选好,准备开始进行魔术表演时,非常重要的一点是,你应该向你的观众做自我介绍。你的开头语可以这样说:你好!我是魔术师,我的名字叫某某,如果有时间,你是否想看一下真正的魔术……总之,你要避免说一些类似"你想看一些魔术技巧吗"或者是"我能表演给你看一些魔术技巧"这样的话。

因为这样会让你看上去像一个使用一堆道具骗钱的骗子,只会把你的表演弄得一团糟。而如果你使用类似"我能在你身上做些……"这样的语言,你很有可能会被误认为是个性骚扰者,甚至会有人把你当成一个邪恶的做人体试验的科学家。

但是,如果你使用的是"真正的魔术……"这样的语言,人们反而会放松,更想去看你的魔术表演,而且他们还会很认真地观看你的表演。

魔术训练的注意事项

表演魔术，离不开平时的辛苦练习，尤其是基本功的练习。魔术技巧或手法的练习是离不开魔术表演，因为它们不能单独存在，必须和魔术节目结合起来才能收到良好效果。

手法魔术技巧节目以基本功为基础，而基本功的高低体现在手彩节目里，二者是统一的。如空手变牌、空手变球、空手变烟、空手染巾、巧变顶针等，既是基本功的训练内容，也是优秀的手彩节目。

所以一般把变球、牌、花、烟、顶针、环、银元、巾、手铐、鸽子列为十大基本功。

魔术魔术师就是通过各种手彩节目的训练，而掌握手法魔术技巧基本功的。

魔术的手法

魔术技巧或手法，要注意的事项很多。首先是要先易后难，逐渐深入，不要急于求成。学习魔术时，要在第一个动作熟练后，才接着练第二个、第三个动作。如《空手变球》，先练习变一个球，然后再练三个球、四个球，千万不可开始就练四个球。

其次是要刻苦训练，坚持不懈。不少演员"球不离手、牌不离身"，随时随地练习。当然还要学会动脑筋，找规律，掌握基本要领。只要有认真钻研、自学的精神，再难的魔术技巧也是能够练会的。有些人只想学容易的，抛弃那些难的魔术，更不去演高难技巧的手彩魔术节目，而专演"门子活儿"。虽然行得通，但是不够全面。

魔术师有了魔术技巧手法基本功后，这就有助于演好各种魔术节目。因而，不论从哪方面来说，魔术师都要练好手法魔术技巧的基本功。

注意的事项

精彩的魔术表演通常给人眼花缭乱、目不暇接、百思而不得其解的感觉，要做到这点并不是件容易的事，这要通过魔术师的魔术技巧，以及细致入微的表演，才能吸引观众的眼球。

虽然有些魔术不需要表演，只需要在某种特定的环境下将表演的会场布置成一种幻景，并将观众安排在合适的位置上，就能使观众产生犹如身在梦幻中的感觉，这与海市蜃楼的感觉是相同的。但是这样的魔术并不多见，许多魔术表演仍要通过魔术师的技巧和经验来完美呈现在观众面前。

并且，同样的魔术，由于魔术师表演的水平不同，也会产生不同的效果，这就是所谓的"戏法人人会变，各有所长"。

因此，只有把熟练的表演技术与精湛的舞台演技巧妙结合起来，才能产生让观众惊奇的、完美的魔术艺术效果。

魔术师对于观众来说，他就是一个解说员，一个能说会道的解说员，他向观众们解释魔术的全过程，也就是程序，并向观众们提供所谓的趣味点。

从表面上看，似乎已经让观众们明白无误，但实际上他却一步一步地引导观众，使其"误"入迷宫。

不管从哪方面来讲，这种引导都具有技巧性。经验丰富、技术熟练的魔术师，都能将整个魔术表演的层次和结构交代得一清二楚。这种魔术表演，使观众不知道自己是如何进入"迷宫"的，最后只能称赞魔术师的表演手法高明。但是，魔术表演仅有"高明"是不够的。一般的魔术爱好者对喜欢的魔术表演要多加思考，给自己的魔术表演注入活力，还要有一些重要问题须解决。

1.注入情感

魔术师应全身心投入到魔术表演中，随着观众的喜、异、惊、奇的变化，魔术师本人的情绪也是时起时落的。只有给观众更多的暗示，加深观众的印象，突出魔术表演的特点及效果，才能使观众沉迷于魔术表演中，给魔术师的表演带来生命力。

2.信心十足

魔术师不能惊慌失措，要信心十足。魔术表演中，有许多惊险的表演，具有一定的危险性，这些表演让观众和魔术师感到惊奇，担心害怕，但这时的魔术师应该做到稳定自如。

在观众看来非常危险，完全不可能完成的事，魔术师做起来应该不惊讶，并最终成功表演。

3.创造氛围

魔术师善于创造良好氛围，表演的魔术一定要超乎观众的想象。

魔术表演所表现出来的通常都应该是超出常规的现象。比如，用几把没有钥匙，或是钥匙被观众藏起来的锁链锁住魔术师的双手，而魔术师在不破坏锁的情况下把自己的双手解放出来了。

在这个表演开始时，魔术师让观众把他的双手捆住，然后再绕上几圈铁链，锁上几把锁。

魔术师装出无法挣脱锁链的样子，而后，魔术师用了许多种方法，也没有挣脱锁链，这些动作让观众相信魔术师没有办法挣脱锁链这个事实。

魔术师的这种做法为接下来的表演起到了铺垫作用。紧接着，在观众还在思考的时候，魔术师做了一个快速的动作，双手挣脱了锁链，锁链也没有任何破坏的痕迹。

于是，魔术师在观众

面前创造出了一个奇迹。因此，一开始在观众面前制造出符合常规的气氛，最后却创造出了超越常理的奇迹。

4.注意台风

台风的好与坏直接影响到全场的局面。所谓台风是指魔术师的姿态、气质及风度等方面。每个人的台风都是不一样的，往往都是因人而异。有的魔术师给观众的印象则是悠闲；有的魔术师在表演时，场内的气氛总是轻松活泼；还有一些魔术师明快大方；另外有的魔术师在表演时沉着冷静；还有幽默滑稽的魔术表演。总之，各家各派风格不同，各有千秋。

从整体上来看，魔术师在登台进行表演时，服装要整齐，台步要稳健。在与观众见面时，要面带微笑。同时，举止大方，轻松自然，要给观众留下很好的印象。

表演魔术时，动作一定要轻松自然，干净利索，切忌不要弄巧成拙，大部分魔术表演都要让观众一目了然。

从魔术表演拉开序幕，到表演高潮，魔术师都要有熟练的技巧，使观众沉醉在魔术中，给观众一场惊讶、满足的盛宴。

魔术的表演与揭秘

断指速接
1.效果

表演者走到台前，向观众鞠躬，然后向观众张开双手，证明自己的双手完好无缺。表演开始，用右手大拇指和食指紧捏着左手的大拇指，左右移动。突然，表演者的右手在右方猛地一拉，"哎呀"一声，左手大拇指被拉成了两段。可是不到几秒钟又接好了。如此反复，拉断又接上，接上又拉断。

2.揭秘

表演者左手的大拇指根本没被拉断。其秘密就在手的工夫上，动作要迅速。原来，表演者在用力拉左手拇指的瞬间，左手的大拇指迅速朝下弯曲。

与此同时，右手的大拇指朝前一弯，在食指的掩护下左右一移，看上去就像拉断左手大拇指一样。接上时，右手食指和大拇指往左推去，弯着的左右手大拇指迅速一并，被拉断的左手拇指就接好了。只要动作配合得好，观众看起来像真的把大拇指拉断又接上一样，非常逼真。

但在表演时必须注意，在两只大拇指并成一只时，一定要把左手的四指伸直，看上去才像真的接上一样。

香烟自立

1.效果

舞台上摆着一个小方桌,表演者表演完上一个节目后,助手送上一盒香烟。助手先面向观众展示香烟,然后递给表演者。助手退场。表演者接过香烟后,当众打包,取出数支,随即把香烟盒和已拿出的香烟放在小方桌上,手中留一支。表演者用右手拿起香烟,放在左手掌心中间,把它竖立起,但右手一放开,香烟就倒下了,反复几次都没成功。于是,表演者随手把香烟放回桌上。

接着,看看自己的双手。然后把双手相互搓几下,又拿起香烟做起了原来的动作。只见他目光凝视香烟,手掌平衡移动,左手掌上的香烟却竖立不倒。

这时,他用右手当扇子,朝下往左手掌扇几下,立着的香烟就慢慢的卧倒了;又朝上扇几下,香烟又自如地立起来了。反复动作,掌上的香烟一会儿躺下,一会儿立起,非常听从使唤。

2.揭秘

香烟能立在手掌上,能自动卧倒、立起,其诀窍是什么?原来这支香烟的一头,黏着一小条橡皮膏(用风湿伤痛膏为佳,其黏性较好)。

表演时,表演者擦了擦手掌,到桌上拿香烟的时候,调换事先准备好的、粘有膏布的那支香烟。这支烟事先装在烟盒里,往外拿香烟时,与其他香烟一起拿出,放在方桌上。

要它立着时,只要把贴在香烟下头的橡皮膏一按,香烟就粘在手掌上了。香烟粘放位置,略靠大拇指一边,大拇指稍微向里一松,香烟就卧倒了;大拇指往外撑开,香烟就立起来了。用右手当扇子,只不过是虚张声势而已。有的人要问,橡皮膏布不是要被观众发现吗?不会的,因为是在台上表演,只要动作熟练、自如,观众是看不见的。

口中串珠

1.效果

表演桌上放着一个空玻璃杯、一只热水瓶、一块洗脸毛巾、一团棉线和一只浅口圆盘。

表演者来到桌旁，拿起玻璃杯，杯口朝下，表示杯子确实是空的。然后，从上衣口袋中取出一个3.33厘米见方的小纸包，原来是一包茶叶；将茶叶倒进玻璃杯中，拿起热水瓶，滚热的开水注入怀中，一霎时茶叶就泡开了，是一杯琥珀色的红茶。

然后，表演者将那只小圆盘拿起来，走到台前，将盘子放低一些，让观众看清里面是一盘彩色的小珠子（如黄豆一般大小，玩具店有售），表演者抓起一把，又撒回盘中，证明这些珠子是分散的，绝没有连在一起。

表演者走回桌旁；当众张开嘴，将盘中的珠子，一粒一粒地放进嘴里，放了20粒左右，才停下来。放珠子的动作非常清晰，让观众都看得

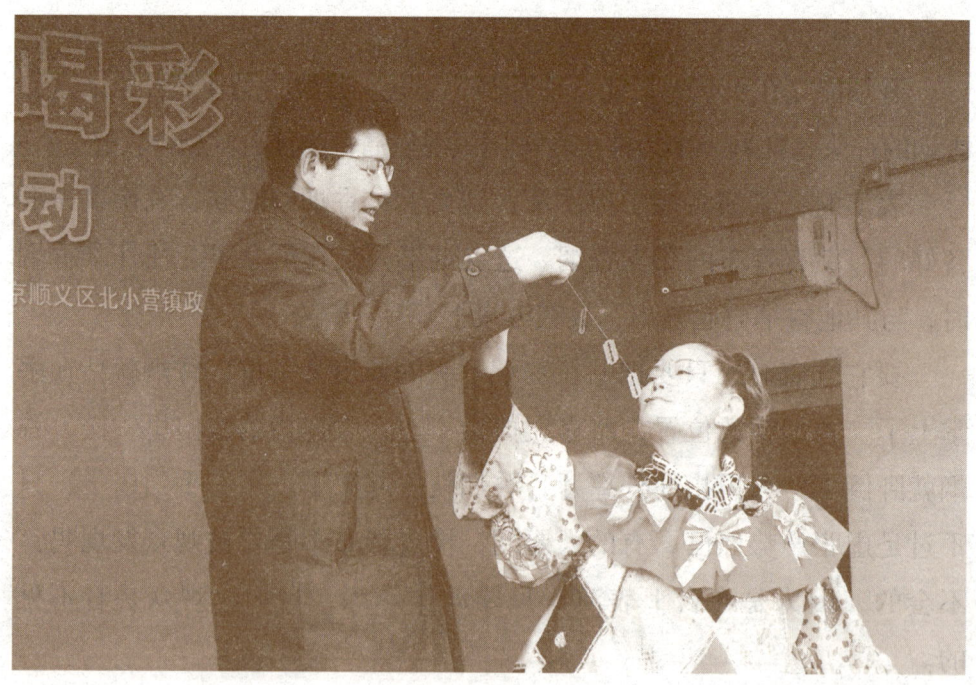

明明白白。然后走到台前,张开嘴,让观众看清珠子确实在嘴里。

表演者端起那杯红茶,喝了一口,骨碌一声,同时做了一个很艰难地往下吞的动作。然后,面对观众,将嘴张开,观众一看,嘴里一粒珠子也没有,显然是吞进肚子里去了。

表演者拿起毛巾,揩去嘴唇上的水渍。再从线团上解下一段50厘米长的棉线,拉断,绕成一小团放入嘴里。然后,右手在空中虚抓一把,再向口中虚掷一下,接着,右手的食指和拇指伸进嘴里,掏了一阵,掏出一段线头来;扯着这段线头向外拉,哈,竟拉出一串珠子来,约摸有20多粒,好像是吞进肚中的那20多粒珠子,自动地串到这根线上被拉了出来。

2.揭秘

吞进肚中的珠子会自动串好再从嘴里拉出来吗?

当然不会!这套小魔术的秘密就在桌上的毛巾和茶杯里。

茶杯里泡上红茶,为的是颜色深,可以起保护作用。那块毛巾,本身并没有什么秘密,只是在表演前要在里面藏好一串珠子。这串珠子约20余粒,与放进口中的珠子数目相等,其形状也与放在浅口盘中的珠子相同。

表演时,毛巾不是主要的道具,不需要交代,所以观众不会发现其中的秘密。

表演时,先泡好茶,再交代珠子,证明盘里的珠子是分散的;将珠子一粒一粒的放入嘴里,目的是拖延时间,让杯中的茶泡开放凉;端起茶杯,喝几口茶,表示用茶将珠子冲下去。

其实,秘密就在这儿。表演者在喝茶的时候将珠子吐进杯中。珠子是彩色的,新泡的红茶又很浓,所以珠子落进杯中,和茶叶混在一起,观众根本就看不出。

但喝了几口茶以后,仍须装出一个往下吞的动作,似乎是将口中的珠子完全吞进肚里去了。然后，张开嘴，给观众看一看，表示嘴里是空的。那么珠子到哪里去了呢？依观众看来，当然是吞进肚里去了。

然后，拿起桌上的毛巾，似乎是揩去嘴上的水渍，但实际上是将手巾中的已经串好的珠子趁机送入嘴里。揩嘴巴是个很自然的动作，观众万万想不到其中有秘密。

从线团上扯下一根50厘米长的线，绕成一团，塞入嘴里，让观众认为那串珠子是在嘴里串的。其实，线团放入嘴里后，把它藏在舌根下。

然后，做了一个虚抓虚掷的动作，是用来迷惑观众的。将右手的食指和拇指伸进口中，寻找那串珠子的线头，向口外拉出。拉的时候动作不要太快，可以将珠子一段段地拉出。这样，口中串珠的奇妙现象，就发生了。

这套魔术的关键，就在喝茶和擦嘴那两个动作上，向杯中吐出珠子，以及从毛巾中含进珠子，动作都必须自然迅速。

气球提起气罐子

1.效果

表演者手提一个空咖啡罐上场。把空咖啡罐放在方桌上。再从上

衣口袋里拿出一个橡胶气球,并把它吹胀,然后将它压在空咖啡罐的罐口上。这时表演者向观众表明他将不用任何方式接触罐子,就能把它连同气球一起提起来。

2.揭秘

表演开始,表演者提起气球,但罐子没被提起来。表演者就从气球中放出一点空气,并再试一次。最后放出足够的空气,使气球变得比铁罐直径小,把气球放入罐里,然后吹入更多的空气。

当气球膨胀时,越来越大的空气压力,使它在铁罐的内壁上扣得更紧,就像旧式汽车内胎顶住轮胎壁一样。随后,夹住气球颈部,不让空气漏出。

提起气球,咖啡罐也跟它一起被提了起来。有一点要注意的是只需少量的额外压力,就能提起咖啡罐,所以一定要适可而止,否则压力增加太大,气球会破裂。

直线钓花瓶

1.效果

表演者先出场,随后助手从对面跟出。表演者鞠躬后,助手拿出一只高约18厘米,瓶口直径约2厘米的细颈陶瓷花瓶,一根长50厘米左右,直径0.5厘米左右粗的软棉绳,递给表演者。

助手用手示意,请观众看表演,然后退场。表演者把陶瓷瓶和软棉绳展示给观众,然后把绳子放入花瓶口中。只见他任意摆弄几下,花瓶就被悬空钓了起来。他提着花瓶走了一圈,花瓶也没有掉下来。

演毕,有的观众怀疑绳头有秘密,表演者再次展出绳头。证明绳头没有秘密。

2.揭秘

这套小魔术是有秘密的,但不在绳头上,而在花瓶里。花瓶里预先放入一只小橡皮球,比瓶口略小一点。表演中,表演者一边对观众说话,一边自然地持花瓶做适宜的运动,使小橡皮球滚到瓶颈处而系住绳子。

这样,只要把绳子提起,花瓶当然也随着悬空拎起。若要当众使绳和瓶脱离,只须在花瓶底上轻拍一下,让球从瓶颈脱落,绳子便可拿出来了。

纸团失踪

1. 效果

表演者走上台来,从事先准备好的方桌上拿起一小张白纸,当众把它搓成一个小纸团,放在握成拳的左手中间。然后用右手食指把小纸团直捅到掌心里。从口袋里掏出一支笔,同样把它也往左拳里捅,一直捅到底;接着从拳底下抽出这支笔。此时,张开左拳头,观众惊异地发现小纸团已不知去向了。

2. 揭秘

窍门在于用右手食指捅小纸团时,左拳中的纸因被右手"吃"掉了。表演者握起重拳时,无名指、小指捏得较紧、大拇指、食指、中指捏得较松,这样左拳中间就构成了一个小洞。

当拳心中间的小纸团要往右手过门的瞬间,右手空拳略放低些,只要将右手食指往里一弯,左手拳往右手空拳一抖动,小纸团即落进了右手的空拳里了。

接着,迅速抬高右手空拳。用右手食指再做几下捅小纸团的动作,以此造成假象,迷惑观众。然后,当右手从口袋里取笔时,趁机把小纸团放在口袋里。这样,用笔去捅时,自然小纸团不见了。

节日礼品盒

1. 效果

表演者先走上舞台,向观众敬礼。这时一位助手手捧一只方筒形的纸盒子和一只较大的玻璃匣由对面出场。匣内装满了五色缤纷的纸屑。助手站定后，将纸盒交给表演者。

表演者先向观众交代方筒形的纸盒，盒上有盖，盖的中心开有一个小圆孔，伸一个指头进去，便把盖子揭起来；盒内有底，从深度上看来，盒内确实是空的，没有夹层。再伸手到玻璃匣中，抓起两把纸屑，撒向空中，彩色缤纷，随风飘舞，非常美观。

接着，把纸盒拿到玻璃匣里，装满纸屑，盖上盒盖，用手对着盒子做一个变化的姿势，揭开盒盖，顺手一探，便取出一朵红色的纸花，一朵接一朵，不断取出。取出后抛给观众。每朵花蒂上都用彩色丝线系着一张小卡片，写着"恭贺新禧"。

表演者再对纸盒做一个投入的手势，探手进去，又取出许多饼干来。助手又赶紧拿一只盒子来接着。饼干取完，又拿出一些动物玩具，如小鸭、小白兔、小狗、小猫等，摆满一盘。这时表演者再展示纸盒，证明一点机关也没有。

2.揭秘

这套魔术很精彩，但设备却很简单，可以自制。先用纸板做一个"机关"纸盒，高26.67厘米，底13.33厘米见方。下面的底，是一块方

形的纸板，中间开了一个1.33厘米大的圆孔，用一层薄纸贴上，将孔遮没，纸底板较盒身稍小，把它嵌入盒内离底边0.67厘米处，不用粘牢，再做一个浅边的盖子，盖高1.67厘米，以套在盒口外，不松不紧为适宜。这个盒我们暂名为"外盒"。

再做一个比外盒小一点的内盒。盒高25.67厘米，底约13厘米见方，大小以套入外盒，不致滑出为度，盒身有底而无固定的盖，盖子和外盒的底相似，也是一块方纸板，中间开一1.33厘米大的圆孔，糊薄纸遮没，大小恰好可放入盒口，嵌在离盒口边0.67厘米处，作为临时的盒盖。

玻璃匣也是纸板做成的，没有"机关"。匣长60厘米，宽40厘米，高30厘米，前壁做成长方的框形，框的四边各长50厘米，再在后面，即向盒内的一面衬一块玻璃，用纸条贴边粘牢，使玻璃不会移动。

两个盒子和一个匣子做好后，外盒和玻璃匣外面，可加绘彩色图案，这样可以增加道具的美观，内盒的外部（连同底板活盖），薄薄地粘上一层彩色纸屑。做道具用的纸屑应准备得多一些，剪成1.13厘米大的方块，装满玻璃匣子。

演出前将几件小玩具，纸制或碎布制成，体积应小一些，装入内盒，再装上一些饼干和带卡片的花朵，然后将纸板盖入盒口里面。

内盒斜卧在玻璃匣中，再把各色纸屑倒进去，装得满满的，内盒隐藏在纸屑里，无从看见。同时因盒外已遍粘各色纸屑，起了保护色的作用，即使偶然露出一点，也不会被察觉。

表演时，揭去外盒的盖子，把盒子拿到玻璃匣中装纸屑时，便把外盒底边套住内盒上部，一手向后压，一手装入纸屑，此时外盒的活底被挤向上移动，内盒全部进入外盒里，紧紧套住；盒里似乎装满纸屑，事实上只有薄薄一层。

罩上盖子，做个手势，从盖中圆孔上伸进食指，穿入两个薄纸孔中，一并钩起揭开，然后将里面预藏的纸花、饼干、玩具等彩品一件件"变"出来。

剪不破的手帕

1.效果

表演者从口袋里掏出了一块红绸帕，从中间部分拎起，握于拳中，只留着一部分露出拳外。接着，请一位同学上来剪帕。剪子一动，一小块绸布随即轻轻地飘落地上。这时剪帕者拾起被剪掉的小块红绸，面向观众举起，然后再递给表演者。

表演者再把小块红绸示意给观众，然后把小块红绸往拳头里塞起，塞好后，再拎起红绸帕两角展开，完整的红绸帕没有一点破处，和原来一样出现在观众眼前。

2.揭秘

这套小魔术的秘密在于：预先在一个肉色的指套内塞一小块红绸，再把指套戴在大拇指上。当拎起红绸帕握在拳中时，乘机把假指套脱下，也握于拳中，再顺势将假指套中的小块红绸拉出一部分，以便让人随便去剪。

然后把剪下的小块红绸塞入拳中，乘机将假指套戴上，再拎起红绸帕的两角展开，由于假指套被红绸帕一角遮住，所以观众看不出大拇指上有指套的秘密。

注：如果没有肉色做指套，可用牛皮纸代用制成。

摸牌猜点

1.效果

表演者拿出一副扑克牌，当众散开。并反复给观众看，表明这副扑克牌与普通扑克牌一样。

表演开始，表演者请一位观众，从牌中任意抽出一张，将牌的背对着表演者并递给他，只见他上下摸了一会儿，略一思考，就笑笑说:"颜色是红的,1.2.3……是方块6。"

牌点果然被猜对了。接着大家轮流抽牌给表演者猜,他都一一猜对了。

2.揭秘

原来,表演者在右手的食指和中指之间,夹着一枚新的图钉。通过图钉的反光作用,能清清楚楚地看见牌上的点数,其实照一照牌边上的点数就够了。

摸牌时,表演者的动作自如逼真,即使已经看清牌点,也不马上讲出来,而是反复地从上而下,从左到右,装模作样地摸着,尽力通过这些假动作,让观众对他的"摸牌猜点"信以为真。

蛋落杯中

1.效果

表演者首先在表演桌上放着四只装着水的高玻璃杯。四只杯子上

平放一个方盘，盘上竖立四只大线轴，每只线轴对准一只杯子，在线轴顶上分别放一个熟鸡蛋，各蛋都靠大的一端保持平衡。

表演开始时，表演者先把这些东西示意给观众，证明其中并无欺骗。然后，表演者对准盘和线轴用力而快速地一击，盘和线轴都被击掉了，而蛋却笔直地掉入玻璃杯中，把水溅得很高，而蛋丝毫没有破损。这到底是什么原因呢？

2.揭秘

说来并不困难，惯性是造成蛋落入水杯的因素。静止物体都有这种倾向，除非某种力或动作使它们运动。要是盘慢慢地被从杯上推开，线轴和蛋只会和盘一起被推掉。但用力地击打它，盘和线轴被非常迅速地打掉，因此施加在蛋上的横向力极小，而惯性则让它们向下掉落。

另外，方盘和杯缘之间的摩擦力也在起作用。如果玻璃杯是空的，方盘是重的，那么施加在杯子上的力足以把它们全推倒。但水的重量使杯子保持稳定，而使用轻盘则减小摩擦力，因此玻璃杯自然立在原处。

蛋的重量把轻线轴紧压在盘上，但你一打之下，摩擦力就起了作用。盘把线轴带走，而线轴和蛋之间的接触很快就消除了，因此表演者的击打动作对蛋的效用微不足道，不致于搅乱它们的垂直下落。

丝巾穿肠

1.效果

魔术师用一条丝巾蒙住助手的眼睛，然后把设计好的弓拿出来，并把黄丝巾绑在箭上，这样当箭飞射出去时，黄丝巾能显示其飞过的路线。

魔术师射击，观众亲眼看到黄色的丝巾穿过助手的身体，射到靶上。

丝巾穿过了助手的身体，还可以来回拉动，但没有任何血迹！

2.揭秘

用的道具为真枪,但里面是粒空弹,只放出烟雾,箭并未真正发射出去。

丝巾是用肉眼看不到的渔线系着,渔线被魔术师的手臂和背部遮住了。

表演开始时,渔线已经横拉过舞台,通过女助手的衣服、头部辅助器,绕过身躯,连接到标靶上。

射击的过程中,靶后面的工作人员拉动渔线,黄丝巾便"穿过"人体直达靶上了。

其实靶上的黑色竖条里,事先藏有一支箭,工作人员按时把它放下,这样观众看到的箭就像刚射上去的。

奇特的木箱

1.效果

舞台上放着一个大箱子,上面有三个孔。魔术师打开前门,让观众看清里面是空的，也没有暗格。

前门关上，后门也关上。嘴里念念有词，一会儿他把手伸进第一个孔，拿出一只兔子，又伸进去，拿出第二只兔子。然后是中间的孔，两只白鸽。最后一个孔，是两只小狗。

从头再来，从第一个孔拿出两只小鸡，中间的孔拿出两只鸭。

这个奇特的木箱里到底有多少动物啊！

最后打开了前门，里面是一位美女和一只小猫！

2.揭秘

表演前，动物们事先藏在了木箱的地板下面，里面有很大的空间。

这位美女也在里面，待魔术师打开后门前，爬到板下藏起来了，整个木箱就是空的了，把前门关上后，美女爬回原来的位置，没有人发现，后门一关上，表演开始了。

木箱里的助手把兔子从地板中拿出来，魔术师便接过兔子展示出来，然后是更多的动物。

最后助手拿出小猫，前门打开后，美女和小猫也都出来了。

这个魔术也就结束了！

拼柜变美女

1.道具

用长为80厘米，宽80厘米，高度为20厘米的木板做一个底座，底座的四周开有四个长槽。后板是用木条做一个长方形的木框，高200厘米，宽74厘米，在木框里装一块转心板，转心板下端装一个踏板，上端装两个扶手。前板与后板的做法一样，只是木框里安装的是一个活门。

做两个侧板，要求大小一样，高200厘米，宽70厘米。再用木板做一个上盖，上盖的四边钉上木条。将前板、后板、侧板插在底座上，再把上盖盖好，就可以组成一个立柜。

2.效果

在魔术师的指挥下,六位助手把六块木板拼成一个木柜,然后魔术师用指令枪对着木柜放一枪,打开木柜后,从木里面出来一名美女。

3.揭秘

演出前,首先把后板立在舞台上,由两名男助手扶住。把转心板转好,使有脚踏板的一面朝后,一名女助手站在脚踏板上,双手握住扶手。在后板的左边立一块侧板,让男助手扶住。在后板的右边同样立一块侧板,由男助手扶住。

在侧板的右边立一块前板,由男助手扶住。上盖立在前面,由男助手扶住。最后把底座放在舞台中央。演出时,把幕布拉开,魔术师走上舞台。在魔术师的指挥下,助手们先把两个侧板放在底座上,接着把后板和前板放在底座上。

另外一个男助手把盖盖上,这样就拼成了一个立柜,立柜拼好后,男助手站在立柜旁边,暂时不要离开,用手扶住立柜。魔术师打开前门,向观众交待清楚后,再把门关上。这时,助手推一下后板上的转心板,使转心板转动180度。

这样,女助手就可以进入柜里了,然后魔术师用指令枪对着木柜放一枪,就会从木柜中出来一名美女。

布袋变人

1.道具

准备一条手绢、一个布帐子和一根绳子。再用黑布缝制两条相同的布袋,布袋的大小可以装入一个人。

2.效果

魔术师把男助手装入布袋里,用绳子把口扎住,再把绳子交给观众拉住,此时布袋用帐子罩住。

这时,魔术师喊"1.2.3!"后,让观众拉出布袋,奇怪的是男助手已经从布袋里跑出来了,而布袋的口仍然被绳子扎得牢牢的。

3.表演与揭秘

演出前,首先把第一个布袋叠好,藏在男助手的身上。演出时,魔术师把第二条布袋拿起来,请观众上台来检查布袋的里面和外面,没有任何机关。再让男助手进入第二条布袋,魔术师和女助手把布袋提起来,用手握住布袋的口。

这时,布袋里的男助手把第一条布袋取出来,慢慢把布袋口伸出来一点,女助手赶快把两个布袋的口握住。魔术师用手绢把第二条布袋的口扎住,这样,两条布袋就扎在一起了,再用绳子把第一条布袋的口扎牢。

这样,男助手虽然在第二条布袋里,可是绳子捆住的却是第一条布袋的口。四个男助手把布帐拉起来,用布帐子把布袋罩住,将绳子留在外面。然后让观众拉住绳子。

男助手把第二条布袋拽下来(因为是用手绢捆住的,所以很容易拽下来)。把手绢仍然留在第一条布袋上。这样,男助手就跑出来了,再把第二条布袋藏在身上。

魔术师喊"1.2.3!"后,让观众用力拉绳子,这样,拉出来的是第一条布袋,布袋口依然扎得牢牢的,然后把帐子收起,男助手也就变出来了。

妆台镜影

1. 道具

首先做一个底座，从外观看上去，底座分上、下两层，上层小，下层大。

从内部看上去，上、下层是相通的。在上层和下层分别安了一个短的抽屉。底座的上面有一个活门。后板、左板、右板和两块前板用合页连接起来，把后板固定在底座上。每块板里面再安装一面镜子。

2. 效果

魔术师一招手，两位男助手推来一个梳妆台，在舞台上转动一圈，停放在中央。魔术师打开梳妆台，可以看到后板、左板、右板和前板上都装着镜子。把底座上的两个抽屉拉开，从中取出两个花束。把花束放在底座上，把抽屉推进去，最后把镜子板关上。男助手推着梳妆台转一圈，魔术师将前板打开，底座上出现一位少女，手持两束鲜花。

3. 揭秘

表演前，女助手事先藏在了底座内，在两个抽屉内各放了一束鲜花。把梳妆台向观众交代清楚，然后把镜板关上。

这时，男助手推着梳妆台转动一圈，这样可以增加魔术的神秘感，又可以给女助手充足的时间，便于从底座里钻出来。

从变幻角度来讲，镜子没有任何作用，但是镜子的反光作用，可以增加观众的幻觉。

逃脱绳子的束缚

1. 道具

为了演好这个魔术节目，需要准备三件道具：两条长度大约为1.5米的绳子；一块长约1.2米的方形的不透明布料；一把椅子

2.效果

把两条长约1.5米的绳子展示给观众看,再请两位观众作助手,两根绳子分别交给他们,并让他们认真检查。在检查时,魔术师可以在舞台中央放一把椅子。等两位确认绳子没有问题后,魔术师就坐到椅子上面,请他们两位把您的双膝与双腕捆在一起,然后把一大块布盖在魔术师的手腕上。

突然,魔术师的手从布的下面伸了出来,还未掀开布时,魔术师的手早已缩回去了。掀开布时,观众们发现没有任何变化,还像以前一样捆绑在椅子上。为了使他们放心,魔术师请这两位助手在自己的手腕上再打上一个结扣,随后,把刚才那块布重新盖到了双手上。然而,又一次成功地逃脱出来了,这一次,迅速掀开那块布,以此证明自己获得了自由。

对于观众们来说,这就好像是魔术师的双手与双腿奇迹般地穿透了那些绳索,成功地摆脱了它们的重重束缚!

3.表演与揭秘

请两位观众到舞台上来,并作为助手,将绳子交给他们检查。在他们检查绳子时,魔术师可以把椅子放在舞台的中央。

把右侧助手的绳子要回

来，挂在右手上。我们称这条绳子为甲绳。这时，甲绳的中部要位于右手食指的根部。接着把左侧观众的绳子用左手接过来，我们称作乙绳。把乙绳的中心放在右手的食指与中指之间且靠近指尖。

请左侧助手与另外一位助手对椅子进行检查。在助手检查的同时，把两条绳子从右手转移到左手，同时完成下面的几个动作。用左手抓住乙绳绳圈以下大约15厘米处，使甲绳从右手食指上滑下来，落在由乙绳构成的绳圈上面。用右手向上拉乙绳，使其超过甲绳，然后在15厘米处进入左手之中。左手手指并拢，紧握住两个钩形绳圈。在观众看来，这两条绳子好像是笔直地从左手中穿了过去。

现在，两位助手的检查已经结束。魔术师站在椅子前面，请两位助手分别站在两侧。魔术师把自己的手放在腿下，并抓住乙绳。这时，一定要用左手握住那两个钩形绳圈。把甲绳与乙绳的交汇点绕在腿下，即把那两个钩形绳圈放于左腿的下面。现在，可以坐下来了，与此同时，把那两个绳圈隐藏在左腿弯下面。上述位置是为了达到一个目的，那就是坐下来后可以用左腿弯夹住两个绳圈，以便顺着绳子从左侧把左手滑出来。

让两组绳子在膝盖上交叉。确认左面乙绳在前面，而右侧甲绳在后面，然后进行交叉。向两个相反的方向拉紧这两组绳子，显然，完成这个动作就是要把两个膝盖捆在一起。

此时，魔术师的手腕要放在绳子上面，但还必须要用左腿内弯牢牢夹住那两个绳圈。请左侧的助手按上述方法把魔术师的两个手腕捆在一起。再请右侧的助手用不透明的布料盖住魔术师的双膝与双腕。由于那块布料的遮挡，魔术师可以向右侧扭动手腕，左手很自然地就挣脱了。

魔术师伸出左手，调整一下布料的位置，很明显，这个动作会引起观众们的哄堂大笑。于是，魔术师迅速把左手缩回到布料下面去，重新钻进捆绑的绳套中，再向左转动手腕即可重新拉紧绳子。

接下来，魔术师请右侧的助手拿掉布料。观众们自然会看见手被牢牢地捆着。为了证明无法逃脱，请左侧的助手在现有的结上再增添一个结。待打好新结后，请右侧的助手用布料重新盖好。盖好后，立即向右侧转动双手。

这一次，魔术师从绳套中抽出了双手，紧接着把它们伸到那块布料上面。在又一阵哄堂大笑之中，魔术师让自己的左腿放开那两个绳索圈套，马上隔着布料抓住绳子，把它们举起来。

这时绳子已经完全失去了作用，显然，魔术师的双手与双腿好像是穿越了绳子的束缚，得到了自由。魔术师开心地站起来，随手把绳子与布料扔到椅子上面，接下来，向助手致谢，祝贺他们齐心配合，同时，欢送他们走下舞台。

这个魔术也就结束了。

门后站的是谁

这个魔术节目是现今比较流行的幻象魔术，适合在大型的剧院里表演，还可以成为欢快的魔术表演的重要组成部分。

表演开始时，可能会需要几个助手，才能把所需要的道具搬到舞台上。于是，魔术师打开一扇门时，要向观众们证明门里面是空的。在这个节目里，整个幻象道具减少到了最低的程度，即只有一扇门，一副门框和一幅门帘。

其特点在于道具的制作简单，表演起来比较方便，然而，表演效果却相当出色。也许越是简单的道具，就越能够带来精彩的表演。

1.效果

在舞台上放一个木质门框，上面装有一扇普通的门。其中一位助手拉开这扇门，把上面挂的一幅门帘显露出来。把门帘拉开后，助手走进门框，又从门框里面退了出来。这时，观众们都看清楚了里面是

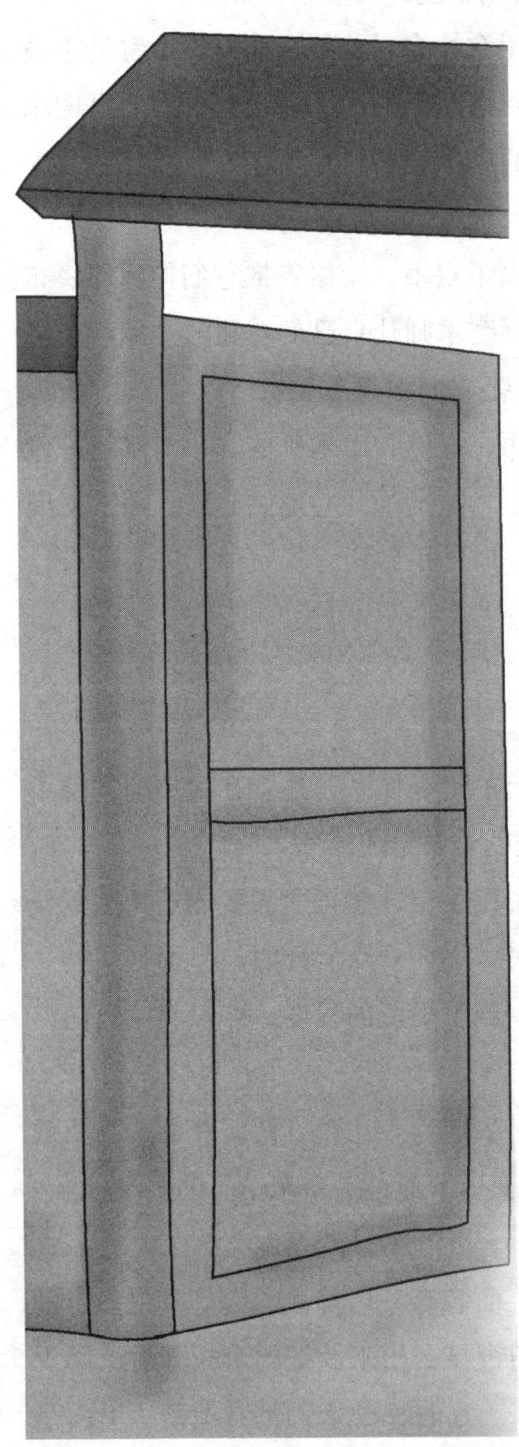

空的,只是一扇普通的门。接着,这位助手放下手中的门帘,并把门关好,恢复到原来的样子。就在这时,从门的另一侧传来了敲门声。

惊奇的事情也就出现了,那位助手打开门后,只见魔术师站在了门的另一边,全场观众无不感到震惊。

2.揭秘

此节目的道具比较简单,制作也相当容易。这只是一扇普通的大门,它的后侧增加了底盘,使得门更加稳定。一幅门帘从门框的顶部垂落下来,但是,它并不会影响到整个门的开启与闭合。整个门帘具有高度合适,也就是说要下垂到地板上。只有这样,才能够在开门后避免观众们发现门帘后面的"内幕"。安装在后面的三角形支脚可以保证门帘处于直立状态,还可以防止门框的摇晃。

3.表演

开始表演时,整个门与门帘是关闭的。魔术师要站在门框底盘的后侧，也就是门帘的后面。此时，助手应站在门框前面，把门打开。然而，魔术师就站在了门帘的后面。

现在，应该很清楚上文中强调的门帘的高度了。待助手打开门后，魔术师应迅速地移至新的位置，也就是藏在门的背后。这时，那位助手穿过门框，钻入门帘。要求魔术师和助手的动作一致。

这个魔术要配合得更加默契，还需要两人多加练习。

助手迅速拉开门帘。从观众的角度看，门里是空的。那位助手迅速穿过空门道，马上又转过身来面对观众，说明门框里没有任何变化。这时，助手不可向您所在的地方望去。这是非常重要的。片刻，那位助手便返回，随手拉好门帘。

此时，魔术师也迅速返回了原来的位置，即藏在了门帘后面。同时，助手离开门框，伸手关上门。待听到关门的声音后，魔术师迅速掀开门帘，开始用力敲门。在敲过门后，助手立即打开门。这时，魔术师便从门框里走出来了，同时向观众做一个漂亮的动作并致意。最后，表演也就宣告结束。

行李标签的消失

1.效果

取出一张纸牌，外形要类似于行李标签，并把它交给身边的一位观众，再把一条线绳交给另外一位观众，请他们进行检验。证明都没有任何异常。

接下来，魔术师把那条线绳穿过标签上的小孔，请两位观众分别握住线绳的两端。当标签悬在线绳中间的时候，魔术师用一块手帕把线绳与标签盖住。

随后，魔术师从手帕下面把手伸进去，转眼之间就把标签从线绳上面解了下来。

然而，标签与线绳两者本身没有任何损伤，让人百思不得其解。

那两位观众也表现得目瞪口呆。

也许除了心中疑惑不解以外,他们也只能被魔术师那种精湛的表演技艺与深厚的魔术功力所折服了。

2.道具

为了表演这个节目,需要制作几张纸板标签,制作材料以档案卡片为宜。

标签尺寸长约8厘米,宽约4厘米。可以把标签上面的两个边角裁剪为45度角,并且每一张上部中心位置打出一个圆孔。这样制作的结果就是使所有标签的外形看起来都是一模一样的。

一般情况下,标准型标签的小圆孔四周都进行过加固处理,即使长时间拴在某一物体上面也不会损坏,但只有一张属于例外。

正是由于存在着这种细小的差别,才能够确保表演获得成功。

此外,还需要一根长度大约为半米的线绳。开

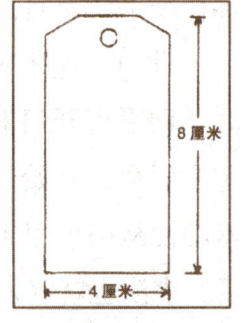

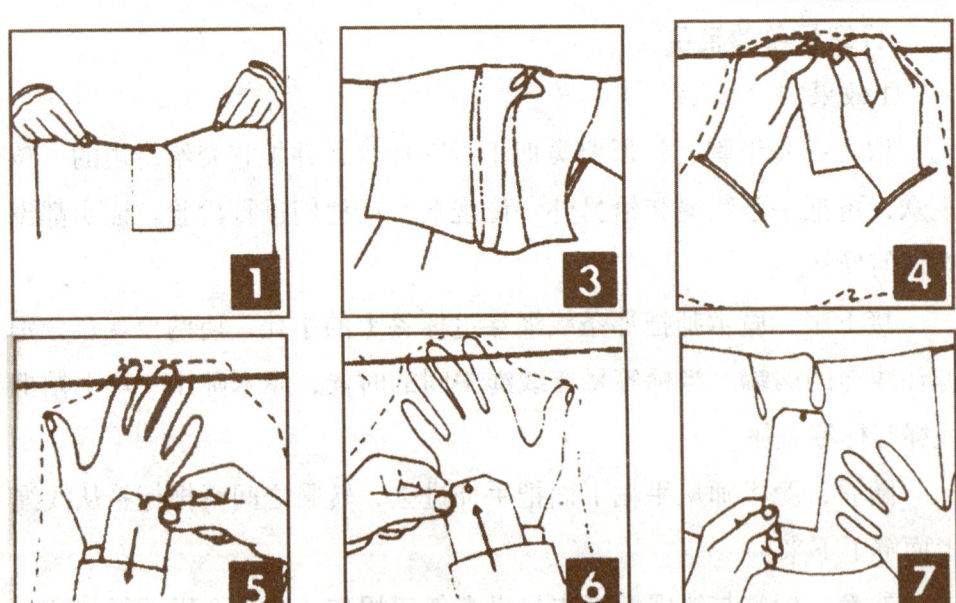

始表演以前，可以把这一段线绳以及拴在上面的标签放在桌子上面。

在衣服口袋里面放好一块手帕，并且在右侧的袖子里面藏好一个标签的复制品。

到此为止，一切准备工作就完成了。

3.表演与揭秘

开始表演时，请两位观众作为你的助手：把标签交给其中一位助手，把一段线绳交给另外一位助手，请他们检验一下。

当他们表示没有任何问题后，就可以把那段线绳穿过标签上面的小圆孔了。详情如图1所示。

这时，请两位助手握住线绳的两端，让标签悬挂在线绳的上。把那块手帕取出来，向观众展示正反两面，表示没有任何秘密，把它盖在标签与线绳上，如图2所示。这时，要使手帕完全展开，这样观众们就看不到它下面的情况。

接着，把双手伸到手帕下面，抓住靠近标签顶部的那个小小的圆环，悄悄地撕开那个小圆孔，把标签从线绳上面取下来，如图3所示。可能会发现稍微抬起双手有一定好处，这样能保证手帕与标签有一定距离。这样观众无法察觉你的行动。

接着，用右手把那张撕毁的标签塞入左袖口，如图4所示。交换两手的位置，用左手从右袖口中抽出同样的标签，如图5所示。

现在，惊奇的事情出现了。首先，向观众们伸出双手并且展示手中握着的那一张标签，如图6所示。紧接着，再请两位助手仔细检查，确认是否真的把那张标签取下来了。最后，把标签、线绳、手帕同时交给助手进行检验。

时间静止

1.效果

你向观众借一块手表，放在自己的手掌上，然后对观众大声说：

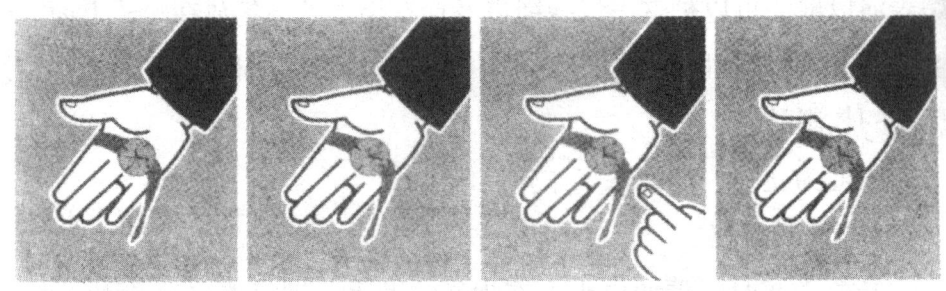

"现在我要让时间停下来。"

当你朝那手表看上去时,秒针已经静止不动了,朋友们不禁惊奇不已。

接着,你一声令下,秒针又动起来了。不论何时何地,你都可以任意控制时间。

2.道具

这个魔术需要与药片差不多的一小块磁铁和一枚戒指。

3.表演与揭秘

首先把磁铁塞在戒指下,戒指要戴在无名指上。

手表放在手上后,表的背面刚好放在戒指上面。此时,手指稍微放直,让磁铁与手表背面贴得紧密一些,这样秒针就静止不动了。

手指稍微弯曲,指针又动了。

注意,此魔术使用的手表不可以是机械的,必须是电池表。另外,手表和磁铁不能接触太长,如果时间超过一分钟,手表有可能发生故障。

香米变白酒

1.效果

彩桌上放有两只瓷碗,用双手各取一只,碗口对着观众交代一下,证明里面是空的。

左手拿着瓷碗放到彩桌上,右手的碗仰放盘中。再把旁边玻璃杯中的米，到出半杯放入碗中。再把覆盖着的碗口对口地盖上。

然后向空中做抓米的动作，迅速揭开，原来仅只半碗米，现在已变成满满的一碗米了。

观众还在疑惑不解时，又见魔术师用揭开的空碗，横着一刮，将冒出碗口的米刮平了，落在桌面上的一只盘子里。

再次盖在这只碗上，打开后，碗里没有了一粒米，却变成了一碗白酒。

2.揭秘

这个特殊的魔术，主要靠透明有机玻璃片来完成，这个玻璃片刚好比碗口略大一些。

事先把一只碗的碗口磨平，这样盛满水后盖上透玻璃片，略加压力排尽空气，玻璃片就牢牢吸住了。即使把碗翻过来，水也不会外溢一点。这个预先准备好的碗"行里"称为"彩碗"。

演出前彩碗覆盖在盘上，碗边下垫一根火柴，以便拿取。空碗重叠覆盖在彩碗底上。

3.表演

魔术师分别拿起两只碗时，碗口向观众，并且朝下，千万不要让碗口迎着灯泡晃动，以免使玻璃片反光而引起观众怀疑。交代后的彩碗一定要放回火柴梗上。

空碗仰置盛入半碗米后，魔术师应右手拿彩碗（碗口仍然朝下），左手在装米的碗中抓了数粒向空中抛去，立即右手盖上彩碗并马上提起合盖好的这两只碗，上前几步，左手做出向空中抓回来的动作，右手示意去接，这样在观众面前就很自然地将彩碗翻到了下面。

回置盘中揭去空碗，当然是堆尖的一满碗米了。再用空碗横着刮平多余的米，此时对准碗口，迅速揭去彩碗上的透明玻璃片。

把碗放盘中时拿掉玻璃片，左手端起彩碗将水倒入右碗中。表演也就宣告结束了。

这个小魔术是非常受欢迎的，它生动形象，动作轻快，舞台、厅室是最佳表演场地。

墨水变鱼

1.效果

桌上的圆磁盘内，放着一瓶普通墨汁和一个盛满墨汁的玻璃杯，一个刚好能罩住这只玻璃杯的铁皮套筒。表演者先拿起这个套筒，让观众看上下都没有底，用魔棍穿过交待空无所有，仍然放回盘中。再取白色小木片条，放进这杯墨水里，稍稍搅动以后提出一看，小木片条四周都被染成了墨色，接着演员用一条普通手帕，盖在墨水杯上，立即揭开一看，已变成了清水一杯，并有金鱼数条游来游去。

表演者把这杯鱼和水倒进了旁边的鱼缸里，再用那个套筒罩着杯子，并拔去墨汁瓶的塞，悬空将墨汁倒入玻璃杯之中，虽然杯子暂时被罩着四周，但瓶内倒出的墨汁却是看得清清楚楚的。等倒满这只玻璃杯后，演员就放下瓶子，揭开套筒，大家看见和刚才一样，是满满的一杯墨汁。随着再用套筒罩着杯子，又马上揭开，竟又变成了有鱼的清水一杯。

2.揭秘

前一杯事先盛满的墨汁实际上是一杯有鱼的清水，只是杯内套有一黑色布套，布套下无底，上面缝有两个细铁丝圈，刚好套在杯口内面，鱼儿在布套中间。放进去搅动的小木条是一边相连可以反折过来的两层，外面全涂白色，里面涂黑色至杯口同高。放进玻璃杯后，借搅水动作迅速把木片反折过来，再提出水面，成了黑色。揭去盖着的手帕时，连同黑色布套一起拖走，鱼就变出来了。

那个铁皮套筒内，还套有一个刚能放进这只玻璃杯的另一铁皮圆筒，圆筒和杯子一样，上大下小，这个圆筒里外都漆成黑色。

3.表演

交待时,应将套筒的上口向着观众,因其中的内套上大下小。墨汁瓶是用铁皮制成,瓶颈内有一根可以倒出一节的圆筒形黑色光亮的塑料管子,可以用黑色自来水笔的笔杆代替,此管的下端连接一塑料薄膜管子,后者再安在一个尖嘴壶上,壶内装有清水,壶下藏小鱼两条,鱼的嘴上预先穿有小钢丝环,把这两条鱼挂在瓶子内壁上一根向上的铁丝上面,铁丝有一把钮,连通瓶外,只要用拇指一拨,向上的铁丝就转为向下,鱼儿就掉落下来了。

第二次变鱼时,应先用铁皮外套将空杯罩住,借此机会已将套内的另一个较小的黑色套子放进空杯之中了。将墨水瓶倒墨汁入杯中时,观众看见的墨水柱实际是黑色的圆形空管。此管的另一端在瓶身内连接着一根薄膜软管,再连在夹层水壶上,故壶内预藏的清水就由台子流入杯中了。因杯内已套上了一个黑色套子,故将杯外的圆罩揭去,观众看见的就是满满的一杯清水。再次罩上又揭开时,食指随之将杯内黑套一起揭走,当然就是清水了。

鱼口上连有一小钩挂在瓶身的小洞上。当倒转瓶身时,顺势将瓶底在杯口上横过,拿瓶的拇指轻轻将小洞上的钩子往上一顶,鱼就掉进杯中了。

空中钓鱼

1.效果

表演者先出示钓鱼竿一根,上系有钓线及钓钩,又从桌上小杯内取了一条似虫形的饵,罩在钓钩上,向空中垂钓,稍经上下摇动,突然在钓钩上出现了一条活泼鲜跳的金鱼,表演者将鱼拿下放在玻璃缸内,鱼在水中游动,表演者每次向空中垂钓,每次得一条金鱼,并得四条。

2.揭秘

玻璃大鱼缸一只，内盛清水大半缸。小杯一只，内放鱼饵。特制钓鱼竿一根，上系有钓线及钓钩，钓竿的柄用铁皮制成，柄中分四格，外面包有可以旋转的活门，鱼即藏在格内，等活门转到每格时，即可将真鱼取在手中。

钓钩上的鱼饵，是一根很小的铜管子，上边焊着一个铜丝做的小攀，连管子共约长一寸，外漆黑色，管中可放一根小铁条，先将黄色薄丝绸剪成鱼形，鱼头上系一根长约一寸半黑丝线，穿结在小铜管子边口上的小孔上，鱼尾上、即缝着那根小铁条，将假绸鱼卷紧在该根小铁条上，放进铜管子内，即成为一条假鱼饵。

3.表演

表演时，将上面那条假鱼饵攀挂在钓鱼钩上，一经震动，管内的假绸鱼脱管而出，似真鱼一样活泼鲜跳。注意因鱼在铜柄内时间不宜过久，在二三分钟内须演完。在假鱼调换真鱼时，勿将假鱼投入鱼缸内。

网中捉鱼

1.效果

助手搬出一只长方形的大鱼缸，内盛清水和水草，缸上装有电灯，照得缸内很亮，表演者出示长柄网袋，向空中一捞，网袋中出现了五六条大金鱼，将鱼放在鱼缸内。表演者重复上面动作，网中又出现金鱼，表演者又拿了一个短柄鱼网，跑到台下在观众席向空中用力一捞，同中捕得十来条小金鱼，给观众过目。

2.揭秘

长方形大鱼缸一只，高20厘米以上，33.33厘米以下，长66.66厘米，宽33.33厘米。四面用玻璃，底用白铁皮制成，四周镶包铜皮滑架，用电镀镍或漆银色，玻璃缸口上面覆有半圆形的长灯罩一条，内装电灯一盏。灯罩两端可藏金鱼，每端装一活门的格笼一只，活门上都系有一条黑线，通到助手的手中，只要轻轻地一拉，活门就开，鱼

就坠入水中了。

长柄鱼网柄是铜管做成，长约133.33厘米，内可放116.67厘米长木棍一根，木棍顶上装细钢丝六根，长自10厘米到20厘米各不一致，每根钢丝头上系一根金黄色的鸡毛，修成鱼形，这根木棍连鸡毛完全插入管内，在铜管下部开一条半尺长的槽缝，由缝底钉在木棍上一只铁制的圆钉，将钉推到缝顶，则木棍上升，正好将钢丝和假鱼推出在外面，铜柄上口焊有可装鱼网的镶口一道，鱼网直径约一寸半，黑线网做在钢卷上面，下有短脚一只，可以插入柄上的镶口内，以活螺丝旋紧。

短柄鱼网制法和长柄鱼网相同，不过柄是一根长约一尺半的竹管，将圆网的脚用铜丝绕住在竹管头上。竹管内可藏小金鱼十余条，分管往下一冲，鱼即坠入网中。

3.表演

表演时，长柄网在空中一捞时，右手指即将柄上装置的圆钉推上,柄内假鱼即入网内,在鱼缸上放鱼时,将柄上圆钉推下,假鱼收回柄内,同时助手暗拉黑线,使灯罩上藏鱼活门拉开,鱼即坠入水中。

空壶流水

1.效果

魔术师拿一个白瓷壶,将壶嘴朝下,却没有流出水。

魔术师向空中用手一抓,仍向壶里。右手拿一个透明茶杯,去接左手水壶中倒出的水,壶中的水就流入了杯中。流一会儿,又不流了。

魔术师把茶杯放回桌上,右手再次向空中抓去,并扔向水壶里,再取一茶杯接水,壶里的水再次流入杯内。这样反复几次后,杯子里就倒满水。

接着,魔术师把茶杯放到桌上,壶递给助手拿走,从衣兜里掏出一块方巾,正反两面向观众交代,然后盖在茶杯上。

马上再揭开看看,茶杯仍原封未动,仍用方巾盖上,并用右手将方巾向下拽一拽。

然后从桌上拿起一根魔术棒,左手捏着杯口,用棒轻轻一敲,茶杯发出"叭叭"的响声。

魔术师做一个魔术动作后,走到桌前将方巾拿掉,茶杯和水全都

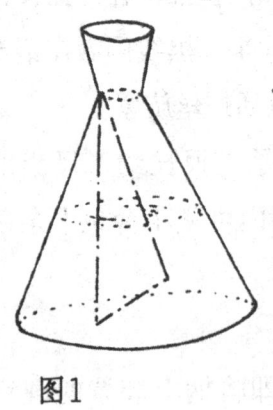

图1

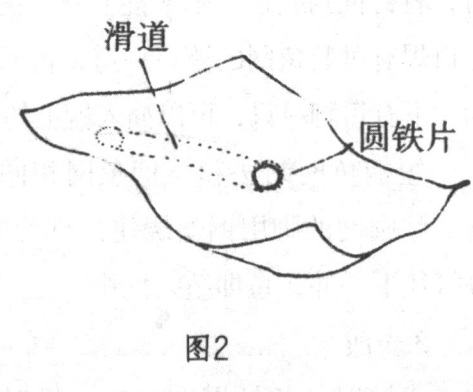

图2

没有了。

2.揭秘

那个水壶是用铁皮做成的,外表涂上了搪瓷。从壶嘴的一侧到壶底边,有一个隔层,将壶分成两半,只有壶底上边一道缝隙是连通的(图1),壶里装着半壶水。

壶内隔板在下时,水不会倒出来;相反,水就会流出来。

桌面上有个比茶杯大点的圆洞,洞下装有一个小布袋。

魔术师第二次盖茶杯时,随便把杯子丢进了布袋里,用魔术棒敲打茶杯上口发出的响声,是方巾正中圆铁片发出的声音。

这个方巾是双层的,在夹层中事先藏了一个比杯口大点的圆铁片,铁片能在方巾的"通道"内滑动(图2)。

3.表演

魔术师在交代方巾时,铁片滑在方巾一角,魔术师用手捏住。在方巾盖茶杯时,铁片就滑到了方巾的中间。

此时手一松,杯子通过桌上的洞门,掉进桌下的布袋里,手里只有一块铁片。

魔术师把方巾向下拽一拽,为了让方巾把铁片蓬起来,形成一个杯状,这时敲打的杯口,就是铁片发出的响声。

快速找扑克牌

1.效果

魔术师拿出一副扑克牌,展开成一个扇形,使牌面对着观众,让观众看清它是普通的牌。然后把牌合在一起,把两手向观众交代一下。接下来,再把牌展开,牌面向下,请观众甲随意抽出一张牌,要求他记住牌点和花色,并给其他观众看,我们假设这是一张"梅花"4,但不要让魔术师看到。

魔术师为了不看到观众的动作,需要转过身去。过一会儿,再转过身来。接着请观众乙也随意抽出一张牌，并记明牌点和花色，假设是一张"红心"8，也让其他观众看清楚。

同时让观众甲把所抽的牌插回牌里去。这时，魔术师也要背转身去，不看观众乙抽的牌。过后再转身让观众乙将抽的牌插回牌里去。然后把牌理顺，再切牌几次。魔术师再把牌展开，随即迅速地找出两

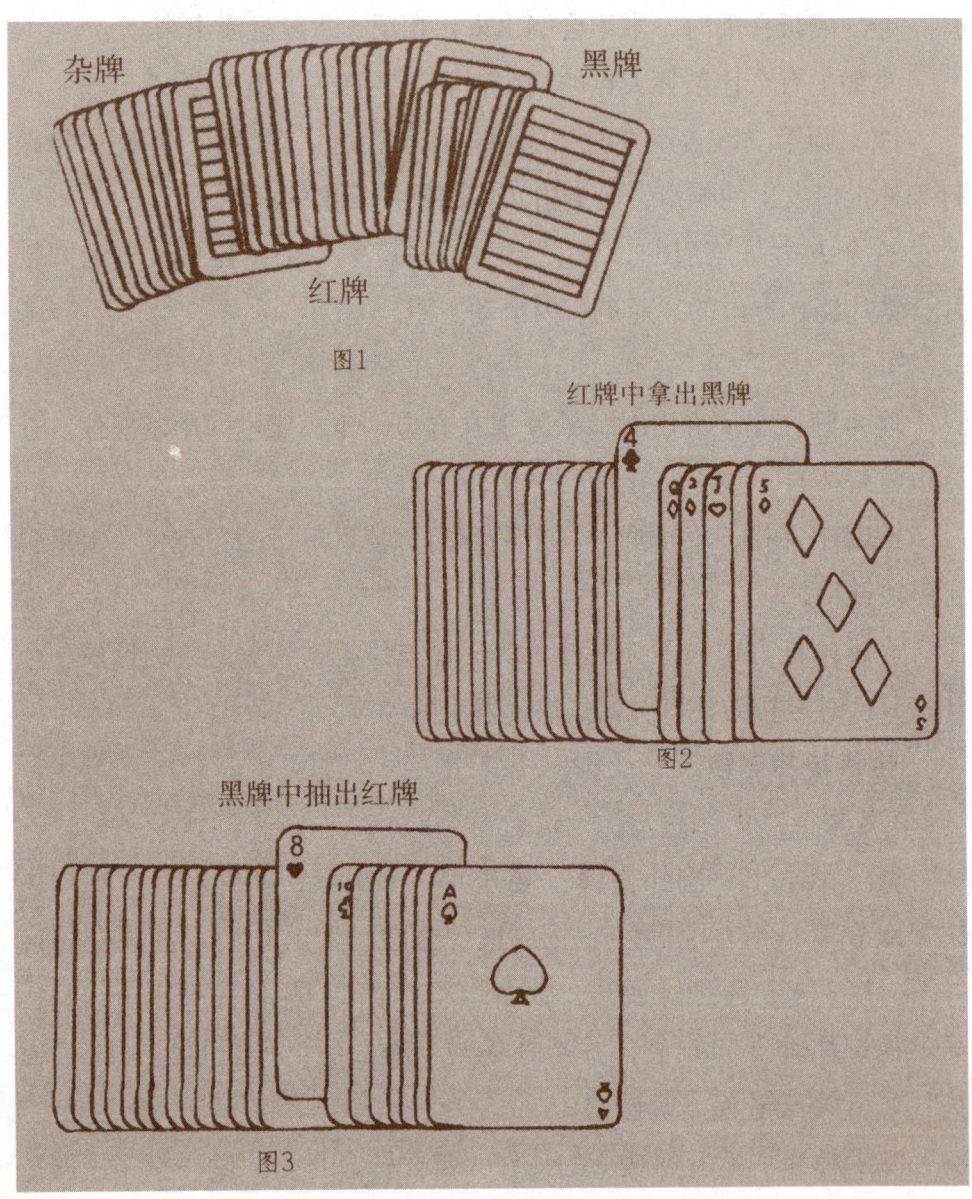

图1

图2 红牌中拿出黑牌

图3 黑牌中抽出红牌

张牌来,并能说出观众甲抽的牌是个"梅花"4,观众乙抽的牌是"红心"8。

2.揭秘

在表演前,先把扑克牌做一些处理:把红色牌抽出20张,放在一起;再把黑色牌抽出20张,放在一起。另外把剩下12张各种花色的牌和两张花牌,即大、小王,杂乱地放在一起。杂牌放于最下面,中间加进红牌,最上面再加进黑牌。这样一副牌就变成了黑牌在上,红牌居中,杂牌在下(图1)。

3.表演

表演时,先给观众看下面的杂牌,表明是一副普通的扑克牌。然后,把牌合起来,随即向观众交代自己的两手,再把上面20张黑牌展开,先请观众甲任意抽一张牌,这时虽不知道所抽的是什么牌点,但可以肯定是黑牌。

魔术师转过身去,让观众看清牌的牌点和花色,这个机会把牌合起来,再把中间20张红牌展开。当观众看过甲抽出的牌后,魔术师转回身来,拿着展开的牌,再请观众乙抽牌。

魔术师虽不知道它的点数,但可以确定是一张红牌。而后顺便请甲观众把抽的牌插回牌里。魔术师转过身去,把牌合拢,再把上面的黑牌展开,又转身向观众乙。请他把所抽的牌插进去,然后把牌收拢,再切牌几次。

表演前后插进的两张牌,已混入到牌里了。事实上红牌插在了黑牌中间,黑牌插在了红牌中间。魔术师再把牌展开,在红牌里找出黑牌(图2),在黑牌里找出红牌(图3)。

因为颜色对比比较明显,一张牌夹在异色牌里很容易找到,所以能立即把"梅花"4和"红心"8找出来。又因为当时已知观众甲所抽的是黑牌,观众乙所抽的是红牌,所以能很轻松地说出观众甲抽的牌是"梅花"4，观众乙所抽的牌是"红心"8。当把那两张牌交给甲和乙后，并请他们拿给观众看时，魔术师迅速把手中的牌打乱顺序，再整理好。

这样，原来安排好的三叠牌就给搅乱了，与普通牌没什么两样。即使把牌交给观众检查，也没有什么可担心的了。

语文魔术

1.效果

表演者随意发给观众十个信封，信封里都装有白纸，并请这十位观众每人在白纸上写一句诗词，装在信封中封好口。信封收回后，随便拿起一个信封在耳边听一听，猜出里面写着苏东坡词一句："明月几时有，把酒问青天"。观众甲承认这是他写的。

表演者拆开信封，抽出纸自己看一看，再读了一遍，果然是这两句。接着又拿起第二个信封，猜出里面是"两个黄鹂鸣翠柳"。然后又把第二个信封拆开读了一遍，有观众承认确实是自己书写的。这样，十个信封中的诗句都被他陆续猜出来，一封不差。

2.揭秘

观众甲实际是助手，表演前先商量好写上"明月几时有，把酒问青天"。发信纸、信封时，其中一封发给助手。把信回收时，注意把助手的那一封放在最下面。

3.表演

表演时，拿起最上面一封，听听后说出"明月几时有，把酒问青天"，助手即观众甲点头承认。表演者再把这个信封拆开，把纸条再读一遍，实际上读时已看清了这个信封里写的是"两个黄鹂鸣翠柳"，观众看不见纸条的字，信以为真，以此类推，就把十个信封都猜出来了。

数学魔术

1.效果

表演者拿出一副扑克牌，请观众洗乱，随意抽出一张，表演者不看。请这位观众把自己的牌点数乘以"2"，当然是心算，不能说出口的，答数再加"3"，再乘"5"，再减"26"。如果牌是黑桃，就在算出的答数上加"1"，红桃加"2"，草花加"3"，红方加"4"，表演者问观众最后答数，如答数是"73"，表演者马上说出是红方"8"点。随便表演多少次，不会有丝毫误差。

2.揭秘

这是一道简单的方程式，设所抽牌为x，所抽牌点乘2，即为2X；加3，即为2X+3；乘5，即为5（2X+3），减26，即为5（2X+3）-26。这道算式应为10X-11。其中10X即是牌点扩大30倍。

3.表演

当观众报出答数之后，只要心中暗自加11，其十位数即是牌点，然后还要加上花色的代号，个位数即表示花色。

以红方8为例：8乘2等于16，然后加3等于19，再乘5等于95，再减26等于69。加花色代号方块加4，等于73。待抽牌观众报出答数"73"时，表演者自己心中立即加上"11"，等于84，8代表点数，4表示红方。

化学魔术

1.效果

桌上的烛台上竖立三支蜡烛，表演者划燃火柴依次把蜡烛点燃。然后请一位观众上来把烛火吹灭。趁烛火刚灭，余烟袅袅之际，表演者用魔棍在烛头上一指，那烛火又依次复燃起来，发出耀眼的光辉。

2.揭秘

事先将少量硫黄和氯酸钾分别研成细粉末，混和后，粘在魔棍的一端，并使魔棒远离火源。

3.表演

表演者点燃三支蜡烛，请观众吹灭，趁烛上余烬未尽还在冒烟时，用粘有引火药物的魔棒一碰，蜡烛就复燃了。

物理魔术

1.效果

表演者交代一个小方凳，在方凳上盖上一块漂亮的彩巾，然后把这方凳放在靠底幕的地方。然后表演者请一位穿长裙拿鲜花的助手站在小凳上，助手闭上眼睛入眠。表演者拿掉她手里的鲜花，她全然不觉。表演者又猛然抽去女助手脚下的彩巾，接着又抽掉了她脚下的凳子，女助手悬在空中，纹丝不动。表演者又把彩巾盖在凳子上，把凳子再放回女助手脚下，再把鲜花放回她的手中，女助手慢慢苏醒过来。

2.揭秘

准备一块铁板，再准备两个木凳，幕前一只幕后一只。幕后木凳比幕前木凳高出一寸，在后幕中下部开一个缝，由于幕有皱褶，不会被发现。女助手必须穿盖过脚背的长裙。

3.表演

表演前，先在底幕背面开缝处贴着幕布上放好较高的木凳和铁板备用，并由后台助手守候待命。表演时，摆好台上木凳后，盖上彩巾，放在底幕开缝处的前面。女助手站上去之后，裙子盖住脚及凳面，身体遮住幕布缝隙，女助手的脚在长裙内微微分开站立，而把凳的中间空出。

这时幕后的助手将铁板一头直着从幕布缝中伸出，再从女助手裙底伸进去，转平，将铁板放在凳面上，女助手立即暗暗称动脚步，站在铁板上。随后幕后助手按住铁板柄朝下压，可以坐在柄上，由于后凳比前凳高，女助手被微微升起，这时前台的表演者即可抽去方凳，表现悬人了。

反之,还原的动作与此相反。整个过程动作必须轻,勿使幕布及裙子抖动。

书中现飞鸟

1.效果

魔术师拿出一本书,并打开它,向观众交代清楚,书中并没有其他东西。然后将书放于桌上,从桌上拿一把剪刀和一张白纸,很快将纸剪成一只小鸟的形状,并拿在手中。接着,随手把桌上的厚书拿起来,将已剪好的小鸟夹在书中。

魔术师在空中虚抓一把,做一个向空中扔的魔术动作,再把书打开。此时纸鸟找不到了,却变成了一只活鸟,并从书中飞了出来。

2.揭秘

这是一本很厚的书,书的中间有一个洞(如图所示)。洞中已经藏着小鸟,被几页书盖着。

3.表演

魔术师在交代书时,只交代了书中的前几页,带洞的部分并没有交代,观众也无法看到。

纸鸟就夹在前几页里面,待书合上再打开后,就把藏有真鸟的那部分打开了,小鸟也就飞出来了。

听笔辨颜色

1.效果

桌上放着蓝、红、绿三支圆珠笔。

魔术师拿入手中,向观众说:"这里有三支彩色圆珠笔和一个笔套,请一位朋友选择其中一支装在笔套里,并把它放于桌面上,剩下

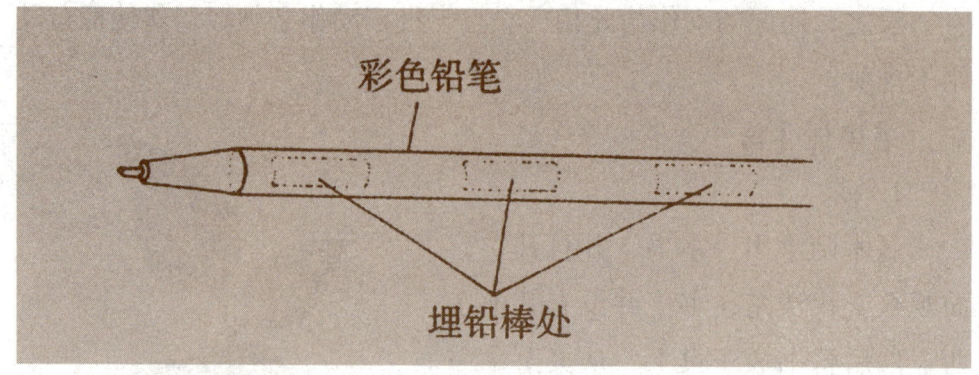

的两支不要让我看到。我拿起笔套,用耳朵一听,便可知道里面是什么颜色的笔。"

当观众走上台后,魔术师就转过身去。观众装好笔,把剩下的两支又给其他人看了看,再藏起来说:"好了。"

魔术师转回身,拿起笔套侧耳一听,就说出了笔的颜色。打开笔套,让观众看清楚,确实猜对了。无论怎么猜,都不会出错。

2.揭秘

这三支圆珠笔都是经过特殊处理的。

每支笔中间都粘了一段铅棒,只是粘的部位不同。蓝笔埋在笔的中部,红笔埋在笔尖部分,绿笔埋在笔的尾部(如图所示)。

笔套是用薄铝片特制的,枣核形状。

圆珠笔装在笔套内放于桌面上,因为它们的重量不同,就会出现两种现象:笔尖朝下的是红色,笔杆平衡的是蓝色,笔尾朝下的是绿色。

3.表演

表演时,当观众装好笔,魔术师转回身,只要看清是笔尖朝下、尾朝下,还是笔杆平衡,心中就已经知道了答案,然后再装模作样地拿起笔套,造成"听"的假象就行了。

光盘不见了

1.效果

魔术师手里拿着一张光盘,用手帕盖着。然后将盖着手帕的光盘往空中一抛。只看到手帕慢慢飘下,可是那张光盘看不到了。

2.揭秘

这个需要一张废旧光盘、一只安全别针、一件外套、一条手帕和一把钻子作为道具。

首先用小钻子在光盘的边缘钻个小洞。然后将60厘米长的伸缩带绑在光盘上。若是没有,也可用几根橡皮筋代替。

把伸缩带的一端用别针固定在外套领口附近。此时需要对伸缩带的长度进行调整,使刚好垂挂在衣服底部,确保光盘不会凸出衣服的底部。

在表演前,先用左手将光盘拉到前面,并用两手拿好。此时,伸缩带应该贴近你的左手臂,不过观众是看不见的,千万不要被观众发现。

3.表演

现在一切都准备好了,可以表演了。

先用手帕盖住光盘,再用手抓住光盘的边缘。

扭动腰身向左转动半圈。当上半身转动时,两手顺便移到腰部附近,并慢慢放掉光盘,但是你必须捏住手帕。

待光盘溜出手帕后,将手帕向上抛去。这时,动作要连贯,不可犹豫。

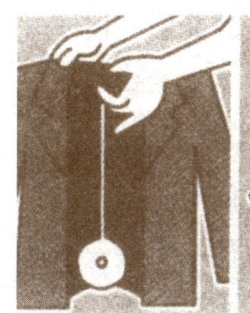   

当两手向上抛时,你的眼睛也要向上看。

手帕飘落下来后,你伸手接住,并翻开向观众展示,证明什么也没有。的确,光盘不见啦!

注意,魔术的关键在于松开光盘的地方。要反复练习这个动作,以便掌握好表演的时机。

三球顶立

1.效果

表演者先交代一下魔棒,长约一尺半左右,在桌上取了一个红色的球,大小如小皮球;将球放在棒顶竟然站住了。表演者再向桌上取第二个红球,装在第一个球的顶上,第一次球没站稳,落在地上发出声响,证明球是实心的,而且有重量。

表演者一手拿住棒上的球,一手伸到地板上去取球,即再装在第一个球的顶上,这次两球已顶立住了。在桌上再取第三个球,放在第二个球上面。

表演者再将左右手交换拿棒,并且翻转了个身,球也没有落下。然后又用两只手指将第二个球取下来,而顶上一个球即落到底下一个球的顶上竖立着。表演者再将棒一侧,上面的一个球先跌下来,再一侧,底下的一个球也脱离棒顶落下来。

2.揭秘

第一球的中心有一个对穿的小孔。一根铁丝能穿过为宜。第二个球开有一条槽缝,以剖开半个球至中心为止,这条槽缝能使一根铁丝放进放出为宜。第三个球的中心有一条半穿的孔,使一根铁丝能插至球的中心为止。以上三个球均漆朱红色磁漆。

铜管制成的魔术棒两头有铜套,镀以镍,棒的中间有一条空槽,大小能使一个短钉推上推下。棒的顶上有一个小孔,使一根铁丝能通过。棒管中有一条约一尺长的木槽,顶上插有一条约半尺长的铁丝。

木梗的下部，从棒管外面槽缝中钉入一个短钉。如将短钉向槽缝中推上，则铁丝从棒顶小孔中钻出，短钉一放，铁钉自会落入管中。魔棒中部及铁丝均须漆成黑色。

3.表演

装第一个球时，一手将棒内的铁丝推上一些，一手将球的孔套进，使铁丝完全穿至球顶。装第二个球时必须使球上的槽缝向内，槽缝中的铁丝必须保持着向内侧一些，使球不会落下。装上第三个球后，因有上面球的压力，把第二个球压住。在取下第二个球时，只要从槽缝中拔出，只须一只手的大拇指掌握着这只短钉，且同时拉下。放下其他两个球时，也完全取决这个短钉的动作。

奇妙铅笔

1.效果

表演者把手里的红蓝铅笔交给观众，并拿出一张白纸请观众用红笔在纸上画一个较大的圆圈，接着他把铅笔收回，插入上衣袋，摸出旅行剪刀在白纸上画圈的某一点上剪开一个小洞，然后再摸出铅笔使之从洞中穿出，红的半支伸出在纸的正面，蓝的半支留在纸的背面，表演者一手握纸边，一手在纸背后拿着铅笔，使之沿着红线移动。

纸除了小洞之外别处没有破损，这支铅笔能透过纸来回移动，通行无阻。沿红线走一个圆圈，最后回到小洞处抽了出来，笔没有一丝断痕，纸也是完整的。

2.揭秘

一共有两支相同的红蓝铅笔，一支是真的，另一支从红蓝色交接处切开，在切开处挖掉镂空，各塞进一小块小磁铁，这样两个半段对接起来，互相吸引仍似一支完整的、真的铅笔。

3.表演

表演者先把这支带机关的铅笔藏在上衣袋中。当取出真铅笔请观众在纸上画圈后，把铅笔插入衣袋，再拿剪刀去剪纸上的小洞，再次从衣袋里摸出铅笔时就调换了一支铅笔，换成了带磁铁的二截合拢的铅笔，由于两支铅笔的外表一样，是不易察觉的。

把这支铅笔从纸洞中穿出一半，红色在纸外，蓝色在纸背后，往旁边移动时，起初双手帮忙，把洞周一侧的纸夹在两截铅笔的接缝处，由于磁铁的互相吸引，左手拿住纸边，右手在纸后背握住铅笔的蓝色半截慢慢地沿线移动，纸前红色半截也会跟着移动，最后移到纸洞处，将笔取出，一点也不显痕迹。

不见的火柴

1.效果

魔术师拿出一盒纸质火柴，并把它打开，向观众展示，证明所有的火柴都在盒子里面。

接着，魔术师从盒里取一支火柴，随后关上盒盖。然后，把那支火柴引燃，随手扔掉。扔火柴的时候，可以朝着火柴盒所在的方向。

紧接着，请一位观众打开盒盖，结果却令人吃惊！刚才燃烧过的火柴还在里面，而且还与其他的火柴粘成了一排！由于多出一支火柴，观众们便不由自主地开始清点盒子中火柴的数量，清点的结果与表演前的数量一样。

2.揭秘

表演前，打开一盒火柴，把前排的其中一支火柴弯折，如图A所示。然后关闭盒盖。由于那支弯折的火柴，盒盖没有完全关上，如图B所示。但是，不必过于担心。取出第二支火柴，划出火苗以后再引燃那根弯折火柴的头部。紧接着，迅速吹灭两支火柴。

现在，表演者必须把那支弯折的火柴隐蔽起来，但是仍然要把它保留在盒子里。此时，用左手的拇指握住火柴盒顶部，这样弯折的火柴就给遮住了，如图C所示。

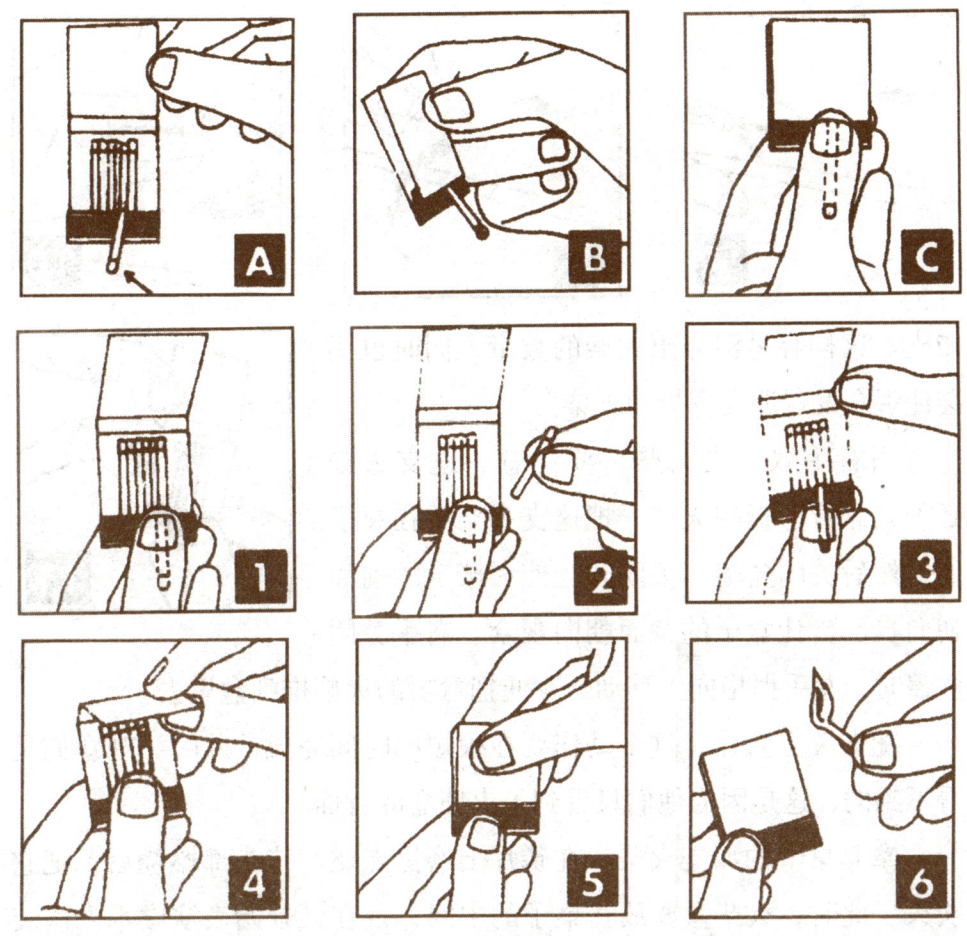

图C主要说明要点：一是用左手握住关闭的火柴盒，二是用拇指遮住那支火柴。这些准备工作完成后，就可以表演了。

3.表演

用左手遮挡住那支火柴，用右手打开盒盖，让观众检查盒里的火柴，并且清点数量。这时，要拿稳那支弯了的火柴，不要把整个火柴盒交给那位观众进行清点。魔术师应当用自己的左手举着那一盒火柴，这样不仅有利于那位观众仔细观察，同时还可以在清点的同时用右手轻轻地向前弯曲每一支火柴。

表演这个节目时，保留在火柴盒内的火柴数量最好保持在10支至

  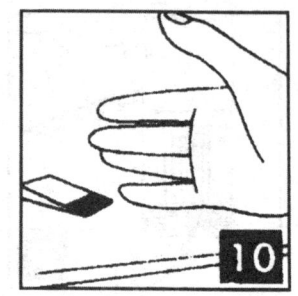

12支。这样容易清点出火柴的数量，同时也不会让观众发现那支弯折的火柴。

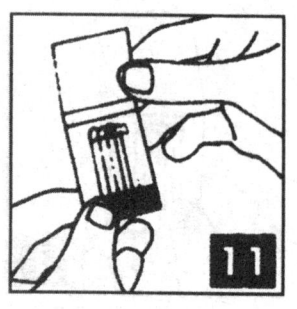

用右手取一支火柴。要注意，这支火柴必须紧靠着弯折的火柴。把这支火柴放在桌子上，然后关闭盒盖。关闭时，使火柴盒的前面朝向自己，让盒子的背面朝向观众。右手关闭盒盖时，左手拇指向上移动，顺便把弯折的火柴推到盒里去。

随即关上盒盖，这个动作要在很短的时间完成。此时，观众们是看不到的，这是因为他们只看到了火柴盒的背面。

拿起桌上的那支火柴，在磷片上磨擦点燃。待头部燃烧后，把它吹灭。此时，火柴盒要放在桌子的中间，现在，开始表演魔术。假装用右手拿那支火柴。其实，表演者的手指只是盖住了它，接下来，右手朝自己移动。随后，那支火柴就从桌子上掉落到双腿上了。

伸出右手，保持着手中握有火柴的样子。如果操作得当，就不会留下一点儿破绽。假装把那支燃烧过的火柴朝着火柴盒扔过去，实际上手中空无一物。紧接着，向观众表明表演者的右手已经空无一物。

然后，请观众拿起火柴盒，打开。观众发现火柴盒里面还是原来的火柴，只是有一支是燃烧过的。但是，它却与其他的火柴粘成了一排。

为了不让观众有所怀疑，可以让观众清点一下火柴的数量。最后火柴的数量与刚开始清点的数量相同。

大卡车不见了

1.表演

魔术师大卫把大卡车开到舞台上后，接着用铁笼罩住，等观众看过后，在铁笼上盖上一块大的幕布。接下来请观众手拉手围成一个大圆圈，把白色幕布包围住。过了一段时间，当白布落下的时候，卡车不见了。一个庞然大物就在一瞬间不见了！

2.揭秘

是这样的，卡车里本来就载有大卫的助手。当白色幕布落下来，观众走上台围圈的过程中，车上的助手就下来了，与观众相对站着，此时灯光照出他们的影子，台下的观众却认为是台上观众的影子，事实上，这是从车上下来的那些人的影子。

接下来，留在车上的助手迅速把铁笼与卡车连接，铁笼可以随意活动。在幕布降下的同时，灯光改变了，铁笼里面的又都回到了车里。这时卡车被起重机吊到了舞台上方，观众只看见上台的观众手拉手围成一个圈，却不见了卡车。

这个魔术与穿越长城、遮盖自由女神和飞机非常相近。但是这些魔术要花很多很多钱来搭建舞台和做道具，没有钱是无法表演的。

图书在版编目（CIP）数据

校园游艺类活动指导手册 / 彭婷编著. -- 长春：吉林出版集团有限责任公司，2013.11（2020.11重印）
ISBN 978-7-5534-3300-4

Ⅰ．①校… Ⅱ．①彭… Ⅲ．①游戏－青年读物 ②游戏－少年读物 Ⅳ．①G898-49

中国版本图书馆CIP数据核字(2013)第226695号

校园游艺类活动指导手册

彭 婷 编著

出 版 人：	齐 郁
责任编辑：	孙 婷　田 璐
封面设计：	大华文苑（北京）图书有限公司
版式设计：	大华文苑（北京）图书有限公司
法律顾问：	刘 畅
出　　版：	吉林出版集团股份有限公司
发　　行：	吉林出版集团青少年书刊发行有限公司
地　　址：	长春市福祉大路5788号
邮政编码：	130118
电　　话：	0431-81629800
传　　真：	0431-81629812
印　　刷：	北京兴星伟业印刷有限公司
版　　次：	2013年11月 第1版
印　　次：	2020年11月 第3次印刷
字　　数：	158千字
开　　本：	710mm×1000mm　1/16
印　　张：	12
书　　号：	ISBN 978-7-5534-3300-4
定　　价：	35.00元

版权所有　翻印必究